**풍자도사
1800한자 SHOW 2**

아꿰이(阿桂) 글·그림 | 심란희 옮김

북퍼스트

한자는 개별 글자가 독립적으로 존재하는 것이 아니라 하나의 그물망과 같은 체계입니다. 그래서 문장과 상황이라는 체계 속에서 한자를 익히는 것이 가장 올바른 방법입니다. 4컷의 절제된 상황 속에서 마주하는 재미와 함께, 살아 숨 쉬는 한자와 중국문화를 익혀 보세요. — 류동춘 서강대학교 중국문화학과 교수

어린이는 물론이고 성인까지, 한자가 생소한 독자라면 누구나 한자를 쉽고 재미있게 배울 수 있도록 도와주는 교재예요. 특히 '풍자 도사의 오지랖'은 중국의 문화와 현대 중국어의 生生(생생)한 정보를 전해 주고 있으므로 꼭 읽어야 할 부분입니다.
— 장동열 으뜸스펀지한자 부원장

'한자'라고 하면 왠지 거부감이 드는 사람들도 편안하게 한자에 접근할 수 있는, 혁명과도 같은 책!
어릴 적, 신문을 보면 온통 한자가 도배되어 있던 기억이 납니다. 한자를 모르면 그 내용을 알 수조차 없던 시절, 아버지께 한 글자 한 글자 여쭤 보며 눈대중으로 한자를 공부했었지요. 그 시절 이런 책 한 권만 있었더라면 좀 더 쉽게 한자를 배우지 않았을까 하는 안타까움이 밀려옵니다. 재미나게 한자를 공부하고 싶은 분들께 적극 추천합니다.
— 김태성 이얼싼 일산분원 부원장 및 상공회의소 중국어과목 교수

중국의 인기 만화가 아궤이의 썰렁 개그 만화 시리즈가 드디어 한국에 상륙!
한국의 정서와도 잘 맞는 만화 시리즈에 상용한자 1800자를 자연스럽게 습득할 수 있도록 구성한, 재미와 유용성을 겸비한 교양서라고 생각해요.
기상천외한 발상이 녹아 있는 만화 내용은 정서가 메마른 이 시대 독자들에게 한 줄기 웃음을 선사할 것입니다. 독특한 중국식 유머, 민간 고사, 상식 등을 접하면서 글로벌 시대에 꼭 필요한 새로운 문화에 대한 안목을 키울 수 있는 기회가 되리라 믿습니다.
— 정혜경 불암고등학교 한문교사

우리말은 한자를 알아야 그 뜻을 제대로 이해하거나, 미루어 짐작할 수 있는 것들이 대부분입니다. 한자를 잘 아는 학생이 국어를 잘하는 이유가 여기에 있죠. 이 책은 학생들이 힘들어하는 한자 공부를 재밌게 할 수 있도록 꾸며 놓았으니 그야말로 '공부의 일석이조(一石二鳥)' 아니겠어요? 만화로 되어 있어 한자 공부에 재미를 느끼면서 상용한자 1800자를 저절로 독파할 수 있으니까요. 공부는 재미있고 유익할 때 일석이조입니다.
— 신붕섭 나사렛대학교 교수

한자나 한문을 알면 여러모로 유익하다는 것을 모르는 사람은 없을 것입니다. 그런데 문제는 사람들이 한자나 한문 공부를 너무 어려워하고 재미없어한다는 것이죠. 여기 새로운 한자 공부 방법을 시도한 책이 있습니다. 몇 번을 봐도 재미있는 만화를 읽으며 자연스럽게 한자가 익혀지는 기적을 체험해 보시기 바랍니다.
— 안태영 명덕고등학교 한문교사

한자 어휘에 익숙하지 않아 고급 어휘를 늘리기 어려웠던 서구권의 한국어 학습자는 물론, 모국어와 발음이 달라서 한자어를 제대로 이해할 수 없었던 중국인 학습자에게도 유용한 책입니다. 특히 동의어와 반의어, 동음이의어와 관련된 정보는 한국어 능력 중급 수준의 학습자가 고급 어휘를 늘리는 데 큰 도움이 될 것입니다.

– 김성숙 연세대학교 언어연구교육원 강사, 국어국문학 박사

최근 학교 선생님들의 가장 큰 고민은 학생들이 우리말 어휘력이 부족하여 학습 내용을 쉽게 이해하지 못한다는 점이에요. 모든 학문의 기초는 용어에 대한 이해에서 출발합니다. 그런데 우리 학생들은 약어나 속어에 익숙해져 있어 어휘, 특히 한자어에 약하지요. 획이 많은 한자를 기피하다 보니 한자어를 몰라 공부에 어려움을 겪는 아이들에게 이 책은 한자와 한자어를 보다 즐겁게 익힐 수 있게 해 줍니다. 이 책을 통하여 한자 공부가 괴로움이 아닌, 즐거움이 될 수도 있다는 사실을 깨닫기 바랍니다.

– 원주연 동해중학교 한문교사

기존에 출간된 한자책에 비해 한층 업그레이드된 형식이 돋보여요. 강렬한 색채와 생동감 있는 내용의 만화를 통해 어려운 한자를 상황 속에서 익히도록 해 주었어요.

– 곽상(郭爽) 금강대학교 중국어통번역전공 원어민 전임교수

가장 마음에 드는 부분은 중국어 발음을 활용한 난센스 퀴즈입니다. 다소 이해하기 어려울 수도 있겠지만, 중국어 병음의 발음을 조금만 알면 쉽게 해석할 수 있습니다. 설사 중국어를 전혀 모르는 독자들도 이번 기회에 중국어 체계를 이해할 수 있을 것입니다. 동음이의어가 많아 더 어렵게 느껴지는 한문, 중국어 발음 퀴즈를 통해 친해져 보세요. 한문을 정복하고 중국어에 도전할 수 있는 길이 보일 거예요.

– 강태월 명지전문대학교 교양과 중국어 전임강사

일석오조(一石五鳥) 만화책!

하나, 상용한자 1800자를 만화 속 문장에서 학습합니다.

둘, 한자능력검정시험 8급~3급 수준의 한자와 어휘를 사전 없이 한 방에 익힐 수 있습니다.

셋, 중국어 동음이의어 놀이와 한자 게임을 체험해 보세요. 보기만 해도 외워지는 웃기는 쿵푸 한자들의 소동이 벌어집니다.

넷, 재미있는 중국문화와 언어에 관해서는 '풍자 도사의 오지랖'에서 친절하게 설명해 드립니다. 풍자와 함께 숨 쉬는 중국어와 한자 공부에 도전해 보세요! 1800자만 알면 중국어도 만만해집니다.

다섯, 국어 실력도 쑥쑥! 1800자를 외우긴 했는데 문장 속에서 어떻게 활용해야 할지 모르시겠다고요? 기계적인 암기식 공부를 하셨군요. 주입식 공부는 이제 그만! 한문과 국어 실력이 한 번에 껑충! 우등생의 비결은 이해력입니다.

더 이상 외우지 마세요!

만화를 보면서 낄낄거리다 보면 어느새 한자가 머릿속으로 송송(誦誦)! 덤으로 국어 실력을 높이고 중국문화까지 알아가는 만화책!

미쳐야 천재다!

'항상 다르게 생각한다'고 외치는 만화 속 천재 풍자가 여러분의 상상력을 자극하고 창의력을 끄집어 냅니다!

아이디어 발전소!

한자와 크레이지한 아이디어가 융합되어 발상이 통통(統通)! 코믹한 만화를 통해 학습 부담을 덜어 내고 아이디어를 가득 충전해 보세요.

학습 전략으로 승부한다!

하나, '숨바꼭질 단어장'의 메인 한자 급수부터 체크합니다.

둘, 만약 5급을 목표로 한다면 우선 8급~5급 한자부터 마스터합니다.

셋, 그 이상의 어휘는 눈도장만 찍고 넘어갑시다.

이 책의 구성

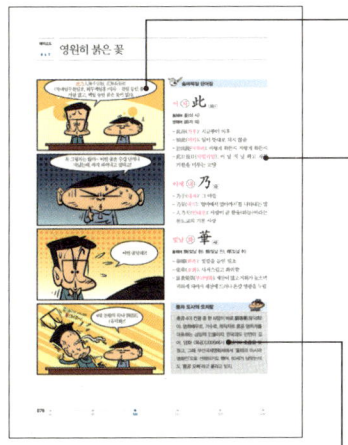

4컷 만화
상용한자 1800자가 리얼한 중국 현지 만화 속으로! 한자가 어떻게 활용되고 있는지 한눈에 알 수 있으며 독자들이 읽기 쉽도록 독음을 달았습니다.

숨바꼭질 단어장
4컷 만화에 나오는 빨간색 상용한자의 대표훈음 및 어휘를 반복 학습합니다. ①해당 어휘의 뜻풀이는 국립국어원의 표준국어대사전을 참고했고 ②어휘 선정은 한국어문회에서 주관하는 한국한자능력검정시험 8급~3급의 어휘 리스트를 바탕으로 했습니다.
동의어 혹은 유의어 등은 '동의어'로, 반의어 혹은 상대어는 '반의어'로 표시했습니다. 또, 동음이의어('동음어'로 줄여서 표기)와 참고로 알아 두면 유용하게 쓸 수 있는 중국어(◎으로 표시) 단어까지 확장 학습할 수 있습니다.

풍자 도사의 오지랖
각 에피소드의 한자와 중국어 발음, 해음을 활용한 난센스 퀴즈의 포인트를 설명하는 것은 물론이고 중국문화나 상식도 짚어 줍니다. 음과 뜻을 최대한 살린 중국어의 외래어 표기를 보면 동일한 한자문화권이라고 해도 한문 표기뿐 아니라 언어 사용에도 차이가 있다는 것을 알 수 있어요.

철학자 추추의 한자 소환
만화 속에는 등장하지 않지만 꼭 알아 두어야 할 중요한 한자들이 숨바꼭질 단어장 속에 꽁꽁 숨어 있어요. 철학자 추추가 예리한 후각으로 '소환'하여 풀이해 줍니다.

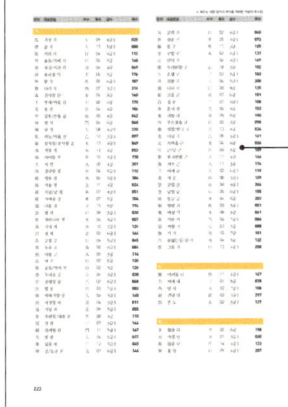

상용한자 정복 눈금
그때그때 내가 공부한 한자의 개수를 체크해 봅시다! 책 아래 눈금자의 수치는 현재 머릿속에 반복 입력 중인 한자의 개수입니다.

색인
상용한자의 대표훈음, 부수, 획수, 급수까지 부록에 와글와글! 한자가 궁금하거나 갑자기 생각이 나지 않을 때는 뒤쪽을 펼쳐 보세요.

깜짝 SHOW
만화를 보면서 한자를 익혔다면, 이제 확인해 볼 시간! 빨간색 셀로판지 뒤에 꽁꽁 숨은 한자 및 독음을 맞추면서 복습해 봅시다. 한문 실력이 쑥쑥 일취월장할 거예요!

차례

표정맨

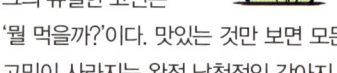

표정 하나만으로 모든 의사소통과 감정 전달이 가능한 표정의 달인.

아친

"풍자! 내가 너 때문에 미친다, 미쳐!"

풍자의 절친. 풍자의 크레이지 근성과 천재성 때문에 매일매일 괴로워하지만 그저 참는 것이 진리라는 아친. 하지만 풍자의 중독성 있는 엉뚱함에 점점 매료되어 그를 닮아 가고 있다. 여친 해교를 좇는 마음이 샐러리 줄기처럼 질기다고 하여 아친(阿芹, 芹 미나리 근)이라고 불린다. 어쩌면 그의 길쭉한 얼굴과 마른 몸이 샐러리 같아서일지도…

똥쥐

"오늘은 뭘 먹지?"

그의 유일한 고민은 '뭘 먹을까?'이다. 맛있는 것만 보면 모든 고민이 사라지는 완전 낙천적인 강아지.

계풍자

"아… 외롭다! 시대를 불문하고 천재는 외로워."

스스로 천재라고 생각하는 크레이지 보이. 부정적인 사회 현상이나 모순을 다른 것에 빗대어 비웃는다는 뜻의 풍자(諷刺)가 아니다. 스티브 잡스의 화신처럼 '남과 다른 생각하기'에 미쳐 말이면 말, 행동이면 행동, 어느 것 하나 엉뚱하지 않은 것이 없어서, 미치광이 풍(瘋)을 써서 풍자다. 황도 캔 맛있게 먹는 법을 치열하게 연구하는 유치함과 사주와 역경(易經), 시대를 불문한 동서양 고전과 철학을 종횡으로 꿰고 있는 박식함을 함께 갖춘 그는 정말 희대의 천재일지도.

철학자 추추

"걱정거리 없는 게 걱정이야."

철학하는 개. 못생긴 외모가 콤플렉스이다. 하지만 바야흐로 그 못생긴 외모 때문에 그는 세상에서 유일하게 철학하는 개가 되었다!

해교

"너, 나 사랑하는 거 맞아?"

아친의 일편단심 여친. 그녀의 아버지는 바다같이 넓은 마음씨의 여자가 되라고 그녀에게 해교(海交, 海 바다 해, 交 사귈 교)라는 이름을 지어 주었지만, 이름값을 전혀 못 한다. 매사에 제멋대로, 언제나 아친의 사랑을 의심하며 못살게 괴롭힌다.

콩알

"나도 대담해지고 싶지만… 흑흑"

콩알만 한 간 때문에 하루하루를 불안과 공포, 초조함으로 살아가고 있는 아이. 이에 낄까 봐 물도 못 마신다. 그래서 그의 이름은 콩알! 특기는 구석에 숨어서 동그라미 그리기.

팡팡

동물병원 수의사. 애니메이션 캐릭터로 풍자의 멋진 형님이다.

나는 누구인가?

숨바꼭질 단어장

꽃부리 영 英 6급

- 英傑(영걸): ① 영웅호걸 ② 영특하고 용기와 기상이 뛰어남
- 英語(영어): 인도 · 유럽 어족 게르만 어파의 서게르만 어군에 속한 언어. 미국, 영국, 캐나다 등을 비롯하여 세계 여러 나라에서 사용하는 국제어의 구실을 하고 있음
- 英雄(영웅): 지혜와 재능이 뛰어나고 용맹하여 보통 사람이 하기 어려운 일을 해내는 사람
- 英特(영특): 남달리 뛰어나고 훌륭함

과장할 과 誇 3급Ⅱ

- 誇示(과시): ① 자랑하여 보임 ② 또는 사실보다 크게 나타내어 보임
- 誇言(과언): 자만하며 말을 함. 또는 그 말
  동음어 過言 지나치게 말을 함. 또는 그 말
- 誇張(과장): 사실보다 지나치게 불려서 나타냄
- 誇大妄想(과대망상): 사실보다 과장하여 터무니없는 헛된 생각을 하는 증상

가장 썰렁한 동물

숨바꼭질 단어장

임금 (제) 帝 4급

반의어 民(백성 민), 臣(신하 신)

- 帝王(제왕): 황제와 국왕을 아울러 이르는 말
- 帝政(제정): 황제가 다스리는 군주제도의 정치
- 帝國主義(제국주의): 우월한 군사력과 경제력으로 다른 나라나 민족을 정벌하여 대국가를 건설하려는 침략주의적 경향
- 反帝(반제): 제국주의에 반대하는 경향

상서 (상) 祥 3급 II

동의어 瑞(상서 서)

- 祥瑞(상서): 복되고 길한 일이 일어날 조짐
- 吉祥(길상): 운수가 좋을 조짐
- 發祥地(발상지): 역사적으로 큰 가치가 있는 어떤 일이나 사물이 처음 나타난 곳
- 不祥事(불상사): 상서롭지 못한 일

'子(자)'자 돌림

孔子(공자)가 老子(노자)에게 禮(예)에 대해 묻고 있는데…

공자

노자

누군가가 홀연히 나타나더니

어험, 내가 좀 끼어도 되겠소?

응?!

유가, 도가도 함부로 범접할 수 없는 기품과 위엄

그… 그대는 뉘시오? 淑子(숙자)? 영자? 미자?

나도 같은 돌림자 '子(자)'를 쓰고 있소만…

난 瘋子(⑧풍자, 미치광이)라고 하오.

숨바꼭질 단어장

예도 **례** 禮 [6급]

- 禮物(예물): 고마움을 나타내거나 예의를 표하기 위해 보내는 물건이나 돈
- 禮服(예복): 의식을 치르거나 특별히 예절을 차릴 때에 입는 옷
- 禮節(예절): 예의에 관한 모든 절차나 질서
- 答禮(답례): 남에게 받은 예(禮)를 도로 갚음
- 虛禮虛飾(허례허식): 형편에 맞지 않게 겉만 번드르르하게 꾸밈

맑을 **숙** 淑 [3급Ⅱ]

동의어 淸(맑을 청), 靜(고요할 정)
반의어 濁(흐릴 탁)

- 淑女(숙녀): 교양과 예의와 품격을 갖춘 현숙한 여자
- 淑德(숙덕): 착하고 아름다운 덕행
- 私淑(사숙): 직접 가르침을 받지는 않았으나 마음속으로 그 사람을 본받아서 도나 학문을 닦음

풍자 도사의 오지랖

孔子, 老子, 瘋子[fēng zi, 펑쯔] 마치 삼형제 같지? '子(자)'는 공자, 노자처럼 위대한 성인이나 스승에게 붙이는 존칭어야. 예를 들어 우리가 잘 아는 공자는 '위대한 공 선생'이라는 뜻이지. 그런데 난데없이 '子'자 돌림으로 당돌하게 나선 '위인'이 바로 나, 瘋子(풍자)~크크

똥취의 응가

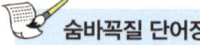 **숨바꼭질 단어장**

우레 ㉠ 震 [3급Ⅱ]

동의어 雷(우레 뢰)

- 震怒(진노): 성을 내며 노여워함
- 震動(진동): 물체가 몹시 울리어 흔들림. 또는 물체 따위를 흔듦
- 地震(지진): 오랫동안 누적된 변형 에너지가 갑자기 방출되면서 지각이 흔들리는 일

코끼리 ㉠ 象 [4급]

- 對象(대상): 어떤 일의 상대 또는 목표나 목적이 되는 것
- 印象(인상): 어떤 대상에 대하여 마음속에 새겨지는 느낌
- 森羅萬象(삼라만상): 우주에 있는 온갖 사물과 현상

풍자 도사의 오지랖

중국 오경(五經) 중에서 첫 번째가 《역경(易經)》 즉 《주역》이야. 나머지 4개는 《서경(書經)》, 《시경(詩經)》, 《예기(禮記)》, 《춘추(春秋)》! 상식으로 알아 둬. 《주역》에는 8괘와 64괘가 있어. 8괘는 음양으로 조합된 가로줄 세 개야. 똥취가 싼 똥의 모양이 8괘 중 우레 震의 괘상과 비슷하지. 난 아침마다 음, 양의 조합을 똥취의 똥으로 보고 있어. 이런 것도 발상의 전환이랄까? 어때? 나 정말 괴짜 천재 같지?

콩들의 전쟁

빨간 콩(紅豆 홍두), 녹두(綠豆),
메주콩(黃豆 황두) 중에 로맨틱한 콩, 썰렁한 콩,
음악 천재 콩을 맞춰 봐!

상사병 걸린 소녀처럼
발그레하니까 빨간 콩이
제일 로맨틱하지.

빨간 콩
=相思豆
(상사두)

녹두가 제일 썰렁해!
녹두죽은 해열 작용을
하거든~

녹두입니다

메주콩은 음악적으로
가장 뛰어나지!

왜??

메주콩은 변비에 좋아서, 많이 먹으면 뿡 빵 픽 쉬~
韻律(운율)이 아주 아름답거든!

작품번호 No. 3 방귀 交響曲(교향곡)♪ ♫

🖌 **숨바꼭질 단어장**

콩 두 豆 [4급Ⅱ]

- 豆腐(두부): 물에 불린 콩을 갈아서 짜낸 콩 물을 끓인 후 간수를 넣어 엉기게 하여 만든 음식
- 豆乳(두유): 물에 불린 콩을 간 다음, 물을 붓고 끓여 걸러서 만든, 우유 같은 액체
- 豆太(두태): 콩과 팥을 아울러 이르는 말

운 운 韻 [3급Ⅱ]

- 韻文(운문): 시의 형식으로 지은 글
- 韻致(운치): 고상하고 우아한 멋
- 音韻(음운): 말의 뜻을 구별하여 주는 소리의 가장 작은 단위

울릴 향 響 [3급Ⅱ]

- 響應(향응): 소리 나는 데에 따라 그 소리와 마주쳐 같이 울림
- 反響(반향): 어떤 사건이나 발표 따위가 세상에 영향을 미치어 일어나는 반응
- 影響(영향): 어떤 사물의 효과나 작용이 다른 것에 미치는 일

풍자 도사의 오지랖

잠깐, 빨간 콩(紅豆)이라고 팥(小豆)으로 착각하지 마. 紅豆는 想思豆(상사두)라고도 하는데, 이런 이야기가 있어. 옛날에 서로 무척 사랑하는 부부가 살았어. 어느 날, 남편이 전쟁에 나가게 되었지. 아내는 아침저녁으로 산에 올라 남편을 그리워하며 슬피 울었다. 나중에는 피눈물까지 흘렸다는군. 그 눈물이 굳어져 紅豆로 변했지. 그것이 싹이 트고 자라서 나무가 되었는데, 가지마다 紅豆가 주렁주렁 달렸다고 해.

이브의 취향

숨바꼭질 단어장

미혹할 (혹) 惑 3급Ⅱ

동의어 迷(미혹할 미)

- 困惑(곤혹): 곤란한 일을 당하여 어찌할 바를 모름
- 當惑(당혹): 무슨 일을 당하여 정신이 헷갈리거나 생각이 막혀 어찌할 바를 몰라 함
- 不惑(불혹): 마흔 살을 달리 이르는 말
- 疑惑(의혹): 의심하여 수상하게 여김

긴뱀 (사) 蛇 3급Ⅱ

- 蛇足(사족): 화사첨족(畵蛇添足). 뱀을 다 그리고 나서 있지도 않은 발을 덧붙여 그려 넣는다는 뜻으로, 쓸데없는 군짓을 하여 도리어 잘못되게 함을 이르는 말
- 蛇行(사행): 뱀이 구불구불 기어가는 것처럼 몸을 구부리고 엉금엉금 걸어감
- 長蛇陣(장사진): 많은 사람이 줄을 지어 길게 늘어선 모양을 이르는 말

누드 퀴즈

오늘은 여러분에게 퀴즈를 하나 내도록 하죠. 지금 내가 무얼 표현 하고 있는지 맞춰 보세요.

흠… 힌트는 내가 알몸(⊕光身 광신)이라는 것! 책상다리를 하고 (⊕盤腿 반퇴) 있다는 것!

그래도 몰라요? 할 수 없군. 정답은 바로…

CD (⊕光盤 광반)!!

숨바꼭질 단어장

빛 광 光 [6급Ⅱ]

– 光明(광명): 밝고 환함. 또는 밝은 미래나 희망을 상징하는 밝고 환한 빛

동음어 光名 빛나는 이름

– 光速(광속): 진공 속에서 빛이 나아가는 속도
– 發光(발광): 빛을 냄

동음어 發狂 미친병의 증세가 밖으로 드러나 비정상적이고 격렬하게 행동함

소반 반 盤 [3급Ⅱ]

– 盤曲(반곡): 꼬불꼬불하게 얽힘
– 盤石(반석): ① 넓고 평평한 큰 돌 ② 사물, 사상, 기틀 따위가 아주 견고함을 비유적으로 이르는 말
– 基盤(기반): 기초가 되는 바탕. 또는 사물의 토대
– 羅針盤(나침반): 항공, 항해 따위에 쓰는 지리적인 방향 지시 계기(計器)

풍자 도사의 오지랖

⊕光身[guāng shēn, 광선]은 '알몸을 하다'이고, ⊕盤腿[pán tuǐ, 판투이]는 '책상다리를 하다'라는 뜻이야. 중국어로 CD를 光盤[guāng pán, 광판]이라고 해. 光身의 光, 盤腿의 盤을 따서 光盤 즉, CD가 정답이라는 말씀!

전문직

🖌 **숨바꼭질 단어장**

씻을 ㉑ 洗 5급Ⅱ

동의어 濯(씻을 탁)

- 洗髮(세발): 머리를 감음
- 洗手(세수): 손이나 얼굴을 씻음
  동의어 洗面 (세면)
- 洗車(세차): 자동차의 차체, 바퀴, 기관 따위에 묻은 먼지나 흙 따위를 씻음
- 洗面臺(세면대): 씻을 수 있도록 시설을 갖춰 놓은 대

어찌 ㉻ 奚 3급

동의어 那(어찌 나), 何(어찌 하)

- 奚暇(해가): 어느 겨를
- 奚琴(해금): 향악기에 속하는 찰현악기의 하나
- 奚特(해특): 어찌 특별히

진짜 이유

숨바꼭질 단어장

치우칠 편 偏 3급Ⅱ

동의어 僻(궁벽할 벽, 치우칠 벽)

- 偏母(편모): 아버지가 죽거나 이혼하여 홀로 있는 어머니

  참고 偏父(편부): 어머니가 죽거나 이혼하여 홀로 있는 아버지

- 偏食(편식): 어떤 특정한 음식만을 가려서 즐겨 먹음
- 偏愛(편애): 어느 한 사람이나 한쪽만을 치우치게 사랑함
- 不偏不黨(불편부당): 아주 공평하여 어느 쪽으로도 치우침이 없음

순수할 순 純 4급Ⅱ

동의어 潔(깨끗할 결), 粹(순수할 수)

- 純情(순정): 순수한 감정이나 애정
- 純眞(순진): ① 마음이 꾸밈이 없고 순박함 ② 세상 물정에 어두워 어수룩함
- 不純(불순): 다른 물질이 섞여 있거나 다른 의도가 있어 참되지 못함
- 淸純(청순): 깨끗하고 순수함

팡팡을 소개합니다

立志傳的
어려운 환경을 이기고
뜻을 세워 노력하여
목적을 달성한 사람의
전기의 성격을 띠는.
또는 그런 것

🖌️ **숨바꼭질 단어장**

통할 투, 사무칠 투 透 [3급 II]

동의어 通(통할 통)

- 透視(투시): 막힌 물체를 환히 꿰뚫어 봄. 또
  는 대상의 내포된 의미까지 봄
- 透映(투영): ① 광선을 통과시켜 비춤 ② 환
  히 속까지 비추어 보임
- 浸透(침투): ① 세균이나 병균 따위가 몸속
  에 들어옴 ② 어떤 사상이나 현상, 정책 따위
  가 깊이 스며들어 퍼짐 ③ 어떤 곳에 몰래 숨
  어 들어감
- 透明體(투명체): 빛을 잘 통과시키는 물체

통할 철 徹 [3급 II]

동의어 貫(꿸 관), 達(통달할 달)

- 徹夜(철야): 밤을 샘
- 冷徹(냉철): 생각이나 판단 따위가 감정에 치
  우치지 않고 침착하며 사리에 밝음
- 徹頭徹尾(철두철미): 처음부터 끝까지 철저
  (徹底)하게
- 徹天之恨(철천지한): 하늘에 사무치는 크나
  큰 원한

명언

숨바꼭질 단어장

인간 세 , 세대 세 世 [7급 II]

- 世界(세계): 지구 상의 모든 나라. 또는 인류 사회 전체
- 世上(세상): 사람이 살고 있는 모든 사회를 통틀어 이르는 말
- 萬世(만세): 아주 오랜 세대
- 出世(출세): 사회적으로 높은 지위에 오르거나 유명하게 됨

말씀 언 言 [6급]

동의어 語(말씀 어), 談(말씀 담), 話(말씀 화), 辭(말씀 사)

- 言語(언어): 생각, 느낌 따위를 나타내거나 전달하는 데에 쓰는 음성, 문자 따위의 수단
- 言爭(언쟁): 말다툼
- 言質(언질): 나중에 꼬투리나 증거가 될 말. 또는 앞으로 어찌할 것이라는 말
- 一言之下(일언지하): 한 마디로 잘라 말함. 또는 두말할 나위 없음

색다른 라면

라면 면발과 풍자가 함께 목욕탕에 갔다.

그때, 황급히 달려온 소시지와 調味料(조미료)

야! 면발! 한참 찾았잖아. 넌 우리랑 같이 물에 들어가야지!

여기서 풍자하고 뭐해?

한껏 진지해진 풍자

어이, 거기 둘, 그것도 몰라?

왜? 뭔데?

우린 지금 냉면을 만들고 있는 중이라구~

여긴 냉탕이야! 흑~

썰렁한 자식!

미치겠다!

 숨바꼭질 단어장

고를 조 調 5급 II

동의어 均(고를 균)

- 調査(조사): 사물의 내용을 명확히 알기 위하여 자세히 살펴보거나 찾아봄

  동음어 助詞 체언이나 부사, 어미 따위에 붙어 그 말과 다른 말과의 문법적 관계를 표시하거나 그 말의 뜻을 도와주는 품사

- 調和(조화): 서로 잘 어울림
- 强調(강조): 어떤 부분을 특별히 강하게 주장하거나 두드러지게 함
- 順調(순조): 일 따위가 아무 탈이나 말썽 없이 예정대로 잘되어 가는 상태

  참고 난조(亂調): 정상에서 벗어나거나 조화를 잃은 상태

재료 료, 헤아릴 료 料 5급

동의어 量(헤아릴 량)

- 料金(요금): 남의 힘을 빌리거나 사물을 사용·소비·관람한 대가로 치르는 돈
- 料理(요리): 여러 조리 과정을 거쳐 음식을 만듦
- 無料(무료): 요금이 없음
- 原料(원료): 어떤 물건을 만드는 데 들어가는 재료

오이 기담

숨바꼭질 단어장

성품 성 性 [5급Ⅱ]

- 性格(성격): 개인이 가지고 있는 고유의 성질이나 품성
- 性別(성별): 남녀나 암수의 구별
- 習慣性(습관성): 습관이 되어버린 성질
- 特殊性(특수성): 일반적이고 보편적인 것과 다른 성질

바탕 질 質 [5급Ⅱ]

동의어 素(본디 소), 本(근본 본)

- 質量(질량): 물체의 고유한 역학적 기본량
- 氣質(기질): 기력과 체질을 아울러 이르는 말
- 物質(물질): 물체의 본바탕
- 異質(이질): 성질이 다름. 또는 다른 성질

큰 얼굴

숨바꼭질 단어장

거울 경 **鏡** [4급]

동의어 鑑(거울 감)

- 鏡臺(경대): 거울을 버티어 세우고 그 아래에 화장품 따위를 넣는 서랍을 갖추어 만든 가구
- 眼鏡(안경): 시력이 나쁜 눈을 잘 보이게 하거나 바람, 먼지, 강한 햇빛 따위를 막기 위하여 눈에 쓰는 물건
- 望遠鏡(망원경): 멀리 있는 물체 따위를 크고 정확하게 보도록 만든 장치
- 鏡花水月(경화수월): 거울에 비친 꽃과 물에 비친 달이라는 뜻으로, 눈으로 볼 수 있으나 잡을 수는 없음을 비유적으로 이르는 말

황도를 가장 맛있게 먹는 법

황도 캔에는 내가 일가견이 좀 있어. 첫째, 황도라고 다 진짜가 아냐.
진짜 황도는 누르스름하고 새콤달콤하거든.
가짜 황도는 거무튀튀하고 수분이 적어. 맛도 쓰지!

眞
참진

假
거짓 가

둘째, 황도를 먹을 때 숟가락을 많이들 쓰는데, 그건 좋지 않아.
황도는 크고 미끌미끌하니까 숟가락보다는 젓가락을 쓰는 게 좋아.
쿡 찍어서 젓가락째 베어 먹는 맛이 일품이거든~

正
바를 정

誤
그르칠 오

잠깐! 뭔가 이상한데?

냠~

너 그러면서 내 황도 다 먹으려는
거지? 이 얍삽한 자식!

반도 안 남았잖아!

셋째, 역시 남의 걸
뺏어 먹는 게 제일 맛있다는 거~

숨바꼭질 단어장

참 진 眞 4급Ⅱ

반의어 僞(거짓 위)

- 眞談(진담): 진심에서 우러나온, 거짓이 없는 참된 말
- 眞理(진리): 참된 이치
- 眞面目(진면목): 본디부터 지니고 있는 그대로의 상태

거짓 가 假 4급Ⅱ

동의어 僞(거짓 위)

- 假令(가령): 가정으로 말하여
- 假面(가면): 탈. 얼굴을 가리거나 꾸미기 위하여 쓰는 물건
- 假名(가명): 실제가 아닌 이름

그르칠 오 誤 4급Ⅱ

동의어 謬(그르칠 류), 過(허물 과)
반의어 正(바를 정)

- 誤答(오답): 잘못된 대답을 함. 또는 그 대답
- 誤報(오보): 어떠한 사건이나 소식을 그릇되게 전하여 알려 줌
- 誤解(오해): 그릇되게 해석하거나 뜻을 잘못 앎

펭귄의 비밀 무기

숨바꼭질 단어장

달릴 (주) 走 4급 Ⅱ

동의어 奔(달릴 분)

- 逃走(도주): 도망. 피하거나 쫓기어 달아남
- 走馬看山(주마간산): 말을 타고 달리며 산천을 구경한다는 뜻으로, 자세히 살피지 않고 대충대충 보고 지나감을 이르는 말

숨을 (은) 隱 4급

반의어 現(나타날 현), 顯(나타날 현)

- 隱密(은밀): 숨어 있어서 겉으로 드러나지 않는 것
- 隱退(은퇴): 직임에서 물러나거나 사회 활동에서 손을 떼고 한가히 지냄
- 隱忍自重(은인자중): 마음속에 감추어 참고 견디면서 몸가짐을 신중하게 행동함

몸 (신) 身 6급 Ⅱ

동의어 體(몸 체)
반의어 心(마음 심)

- 身分(신분): 개인의 사회적인 위치나 계급
- 立身揚名(입신양명): 출세하여 이름을 세상에 떨침

풍자 도사의 오지랖

중국의 온라인 메신저 QQ 기억하지? QQ의 아이콘이 바로 펭귄이야. 깜찍한 펭귄들이 채팅할 때 있으면서도 없는 척, 귀찮으면 슬쩍 숨어 버리는 '오프라인 표시'를 하고 있어!

가장 사나운 사람

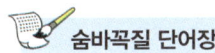

숨바꼭질 단어장

견줄 비 比 5급

동의어 較(견줄 교)

- 比較(비교): 둘 이상의 사물을 견주어 서로 간의 유사점, 차이점, 일반 법칙 따위를 생각하고 연구하는 일
- 比重(비중): 다른 것과 비교할 때 차지하는 중요도
- 對比(대비): 두 가지의 차이를 밝히기 위하여 서로 맞대어 비교함
- 反比例(반비례): 한쪽의 양이 커질 때 다른 쪽 양이 그와 같은 비로 작아지는 관계

우레 뢰 雷 3급Ⅱ

동의어 震(우레 진)

- 地雷(지뢰): 땅속에 묻어 두고, 그 위를 사람이나 차량 따위가 지나가면 폭발하도록 만든 폭약
- 避雷針(피뢰침): 벼락의 피해를 막기 위하여 건물의 가장 높은 곳에 세우는, 끝이 뾰족한 금속제의 막대기
- 附和雷同(부화뇌동): 줏대 없이 남의 의견에 따라 움직임

풍자 도사의 오지랖

《봉신연의》는 동양 최고의 판타지로 불릴 만큼 재미있는 신화소설이야. 중국 고대 은나라의 폭군 주왕(紂王)을 물리치고 주나라를 세운 무왕(武王)의 이야기지. 뇌진자는 무왕의 형제야. 날개가 있어서 하늘을 날고 바람과 번개를 조종하는 힘도 가졌어.

다운로드 협객

✏️ 숨바꼭질 단어장

실을 (재) 載 [3급II]

- 記載(기재): 문서 따위에 기록하여 올림
- 連載(연재): 신문이나 잡지 따위에, 긴 글이나 만화 따위를 여러 차례로 나누어서 계속하여 실음
- 千載一遇(천재일우): 천 년 동안 단 한 번 만난다는 뜻으로, 좀처럼 만나기 어려운 좋은 기회를 이르는 말

거만할 (만), 느릴 (만) 慢 [3급]

- 慢性(만성): 버릇이 되다시피 하여 쉽게 고쳐지지 않는 상태나 성질
- 傲慢(오만): 태도나 행동이 건방지거나 거만함
- 自慢(자만): 자신이나 자신과 관련 있는 것을 스스로 자랑하며 뽐냄
- 怠慢(태만): 열심히 하려는 마음이 없고 게으름

풍자 도사의 오지랖

다운로드는 중국어로 下載[xià zǎi, 샤짜이]라고 해. '내려받는다'는 뜻이지.

철학자 추추의 悲哀(비애)

숨바꼭질 단어장

슬플 비 悲 [4급II]

반의어 喜(기쁠 희), 歡(기쁠 환)

- 悲觀(비관): 인생을 어둡게만 보아 슬퍼하거나 절망스럽게 여김
- 悲鳴(비명): ① 슬피 욺. 또는 그런 울음소리 ② 일이 매우 위급하거나 몹시 두려움을 느낄 때 지르는 외마디 소리
- 悲痛(비통): 몹시 슬퍼서 마음이 아픔
- 一喜一悲(일희일비): 한편으로는 기뻐하고 한편으로는 슬퍼함. 또는 기쁨과 슬픔이 번갈아 일어남

슬플 애 哀 [3급II]

반의어 樂(즐길 락), 喜(기쁠 희), 歡(기쁠 환)

- 哀憐(애련): 애처롭고 가엽게 여김
- 哀惜(애석): 슬프고 아까움
- 哀而不悲(애이불비): ① 슬프지만 겉으로 드러내지 않음 ② 슬프기는 하지만 비참하지는 않음
- 喜怒哀樂(희로애락): 기쁨과 노여움과 슬픔과 즐거움을 아울러 이르는 말

특별할 특 特 [6급]

반의어 普(넓을 보), 遍(두루 편)

- 特性(특성): 일정한 사물에만 있는 특별히 다른 성질
- 特異(특이): 보통에 비하여 두드러지게 다름
- 特出(특출): 특별히 뛰어남
- 特派員(특파원): 특별한 임무를 위하여 파견된 사람

막강 지능 啓發(계발)

숨바꼭질 단어장

열 (계) 啓 3급 II

- 啓導(계도): 남을 깨치어 이끌어 줌
- 啓蒙(계몽): 지식수준이 낮거나 인습에 젖은
  사람을 가르쳐서 깨우침
- 啓示(계시): 깨우쳐 보여 줌
- 謹啓(근계): 삼가 아뢴다는 뜻으로, 한문 투의
  편지글 첫머리에 쓰는 말

아침 (단) 旦 3급 II

동의어 朝(아침 조)
반의어 暮(저물 모)

- 旦暮(단모): ① 평상시 ② 어떤 시기가 절박
  한 상태
- 旦夕(단석): 시기나 상태 따위의 위급함이 절
  박한 모양
- 元旦(원단): 설날 아침

코 (비) 鼻 5급

- 鼻孔(비공): 콧구멍
- 鼻笑(비소): 코웃음
  동음어 誹笑 비웃음
- 鼻音(비음): 코가 막힌 듯 내는 소리. 콧소리
- 耳目口鼻(이목구비): 귀·눈·입·코를 아울
  러 이르는 말. 또는 귀·눈·입·코를 중심으
  로 한 얼굴의 생김새

표정맨의 사랑 고백

이모티콘(符號 부호) 양의 사랑은 이렇게 시작되었다.

숨바꼭질 단어장

부호 (부) 符 [3급Ⅱ]

- 符信(부신): 상대방과 나누어 가지고 증표로 삼던 물건
- 符籍(부적): 잡귀를 쫓고 재앙을 물리치기 위하여 붉은색으로 글씨를 쓰거나 그림을 그려 몸에 지니거나 집에 붙이는 종이
- 符合(부합): 사물이나 현상이 꼭 들어맞음
- 終止符(종지부): 마침표

이름 (호), 부를 (호) 號 [6급]

동의어 名(이름 명)

- 記號(기호): 어떠한 뜻을 나타내기 위하여 쓰이는 부호, 문자, 표지 따위를 통틀어 이르는 말
- 番號(번호): 차례를 나타내거나 식별하기 위해 붙이는 숫자
- 信號(신호): ① 일정한 부호, 표지, 소리, 몸짓 따위로 특정한 내용 또는 정보를 전달하거나 지시를 함. 또는 그렇게 하는 데 쓰는 부호 ② 전화나 무전기 따위가 울리는 소리
- 創刊號(창간호): 신문, 잡지 따위의 정기 간행물의 맨 첫 번째 호

표정맨, 고양이 사러 가다

숨바꼭질 단어장

살 매 買 5급

반의어 賣(팔 매), 販(팔 판)

- 買上(매상): 정부나 관공서 따위에서 민간으로부터 물건을 사들임
  동음어 賣上 상품을 파는 일. 또는 판매액
- 買入(매입): 상품을 사들이는 일
- 豫買(예매): 물건을 받기 전에 미리 값을 치르고 사 둠
- 不買運動(불매운동): 어떤 특정한 상품을 사지 않는 일

가릴 선 選 5급

- 選擧(선거): 일정한 조직이나 집단이 대표자나 임원을 뽑는 일
- 選手(선수): 운동 경기나 기술 따위에서, 기량이 뛰어나 많은 사람 가운데에서 대표로 뽑힌 사람
  동음어 先手 남이 하기 전에 앞질러 하는 행동
- 選好度(선호도): 좋아하는 정도
- 取捨*選擇(취사선택): 여럿 가운데서 쓸 것은 쓰고 버릴 것은 버림

철학자 추추의 한자소환

버릴 사 捨 3급

- 捨生取義(사생취의): 목숨을 버리고 의를 좇는다는 뜻으로, 목숨을 버릴지언정 옳은 일을 함을 이르는 말
- 四捨五入(사사오입): 반올림의 전 용어로, 근삿값을 구할 때 4 이하의 수는 버리고 5 이상의 수는 그 윗자리에 1을 더하여 주는 방법을 말함

혹시 이런 고양이 파나요? 1

여기 고양이 팔죠(賣 팔 매)?

그럼요, 여러 가지 있어요. 어떤 고양이를 원하세요?

파란색에다가… 귀(耳 귀 이)가 없는 고양이요.

그런 고양이는 없는데요.

있어요! 분명 TV에서 봤다구요!

'도라에몽'도 몰라요?

숨바꼭질 단어장

팔 매 賣 5급

– 賣店(매점): 어떤 기관이나 단체 안에서 물건을 파는 작은 상점

동음어 買占 사재기

– 賣出(매출): 물건을 내다 파는 일
– 強賣(강매): 남에게 물건을 강제로 떠맡겨 팖
– 買占賣惜(매점매석): 물건 값이 오를 것으로 예상하여, 물건을 사재고 아울러 팔기를 아까워함

귀 이 耳 5급

– 耳目(이목): ① 눈과 귀 ② 주의와 관심
– 耳順(이순): 예순 살. 공자가 예순 살부터 생각하는 것이 원만하여 어떤 일을 들으면 곧 이해가 된다고 한 데서 나온 말
– 馬耳東風(마이동풍): 동풍이 말의 귀를 스쳐 간다는 뜻으로, 남의 말을 귀담아듣지 않고 지나쳐 흘려버림을 이르는 말
– 牛耳讀經(우이독경): 쇠귀에 경 읽기라는 뜻으로, 아무리 가르치고 일러 주어도 알아듣지 못함을 이르는 말

혹시 이런 고양이 파나요? 2

숨바꼭질 단어장

가게 점 店 [5급Ⅱ]

- 開店(개점): ① 새로 가게를 내어 처음으로 영업을 시작함 ② 가게 문을 열고 하루의 영업을 시작함
- 商店(상점): 일정한 시설을 갖추고 물건을 파는 곳
- 露店商(노점상): 길가에 물건을 벌여 놓고 하는 장사. 또는 그런 사람
- 飮食店(음식점): 음식을 파는 가게

병 병 病 [6급]

- 問病(문병): 아픈 사람을 찾아가 위로함
- 發病(발병): 병이 남
- 同病相憐(동병상련): 같은 병을 앓는 사람끼리 서로 가엾게 여긴다는 뜻으로, 어려운 처지에 있는 사람끼리 서로 가엾게 여김을 이르는 말
- 萬病通治(만병통치): ① 한 가지 처방으로 온갖 병을 다 고침 ② 어떤 한 가지 대책이 여러 가지 경우에 두루 효력을 나타냄을 비유적으로 이르는 말

베프

숨바꼭질 단어장

벗 (붕) 朋 [3급]

- 朋黨(붕당): 조선 시대에, 이념과 이해에 따라 이루어진 사림의 집단을 이르던 말
- 朋輩(붕배): 지위나 나이가 서로 비슷한 벗
- 朋友有信(붕우유신): 오륜(五倫)의 하나. 벗과 벗 사이의 도리는 믿음에 있음을 이른다는 뜻

벗 (우) 友 [5급Ⅱ]

- 友愛(우애): 형제간 또는 친구 간의 사랑이나 정분
- 友情(우정): 친구 사이의 정
- 歲寒三友(세한삼우): 추운 겨울철의 세 벗이라는 뜻으로, 추위에 잘 견디는 소나무·대나무·매화나무를 통틀어 이르는 말
- 竹馬故友(죽마고우): 대말을 타고 놀던 벗이라는 뜻으로, 어릴 때부터 같이 놀며 자란 벗

풍자는 바빠!

숨바꼭질 단어장

가까울 (근) 近 [6급]

반의어 遠(멀 원)

- 近代(근대): 얼마 지나지 않은 가까운 시대
- 近來(근래): 가까운 요즘
- 近方(근방): 가까운 곳
  동의어 近處(근처)
- 近視眼(근시안): ① 시력이 약하여 가까이 있는 것은 잘 보아도 멀리 있는 것은 잘 보지 못하는 눈 ② 눈앞의 일에만 사로잡혀 먼 앞날의 일을 짐작하는 지혜가 없음을 비유적으로 이르는 말

상황 (황) 況 [4급]

동의어 狀(형상 상)

- 盛況(성황): 모임 따위에 사람이 많이 모여 활기에 찬 분위기
- 情況(정황): 일의 사정과 상황
- 現況(현황): 현재의 상황
- 好況(호황): 경기가 좋음. 또는 그런 상황

심할 (극) 劇 [4급]

- 演劇(연극): 배우가 각본에 따라 어떤 사건이나 인물을 말과 동작으로 관객에게 보여 주는 무대 예술
- 戲劇(희극): ① 실없이 익살을 부려 관객을 웃기는 장면이 많은 연극 ② 실없이 하는 익살스러운 행동
- 劇作家(극작가): 연극의 극본을 쓰는 것을 업으로 하는 사람
- 連續劇(연속극): 라디오나 텔레비전에서 일정한 시간을 정하여 조금씩 이어서 방송하는 극

행복의 조건

숨바꼭질 단어장

다행 (행) 幸 [6급Ⅱ]

- 不幸(불행): 행복하지 않음
- 天幸(천행): 하늘이 준 큰 행운
- 幸運兒(행운아): 좋은 운수를 만나 일이 뜻대로 잘되어 가는 사람
- 千萬多幸(천만다행): 아주 다행함

앉을 (좌) 坐 [3급Ⅱ]

반의어 立(설 립)

- 坐像(좌상): 앉은 모습을 묘사한 그림이나 조소 작품
- 坐視(좌시): 참견하지 않고 앉아서 보기만 함
- 對坐(대좌): 마주 대하여 앉음
- 連坐(연좌): 여러 사람이 자리에 잇대어 앉음
  동음어 緣坐 가족이나 친척의 죄로 무고하게 처벌을 당하는 일

슬픈 만남

숨바꼭질 단어장

두려울 공 恐 3급Ⅱ

동의어 怖(두려워할 포)

- 可恐(가공): 두려워하거나 놀랄 만함
- 恐水病(공수병): 광견병을 달리 이르는 말. 물을 무서워하는 병이라는 뜻
- 恐妻家(공처가): 아내에게 눌려 지내는 남편

용 룡 龍 4급

- 龍宮(용궁): 전설에서, 바닷속에 있다고 하는 용왕의 궁전
- 臥龍(와룡): 앞으로 큰일을 할, 초야(草野)에 묻혀 있는 큰 인물을 비유적으로 이르는 말
- 登龍門(등용문): 어려운 관문을 통과하여 크게 출세하게 됨. 또는 그 관문을 이르는 말
- 龍頭蛇尾(용두사미): 용의 머리와 뱀의 꼬리라는 뜻으로, 처음은 왕성하나 끝이 부진한 현상을 이르는 말

아이스크림 두 개

점장님이 만든 아이스크림이야. 하나는 牛乳(우유)맛, 하나는 요구르트 맛. 뭐 먹을래?

난 요구르트.

진짜 맛있다. 어떤 게 우유고 어떤 게 요구르트인지 어떻게 알았어?

와작와작~

내 말이! 점장님도 참~ 표시라도 좀 해 놓지.

정말 맛있다~!!

구분이 잘 안 가서 두 개 다 몇 번이나 핥아 봤다니까? 나 잘했지?

숨바꼭질 단어장

소 우 **牛** [5급]

동의어 丑(소 축)

- 牛馬(우마): 소와 말을 아울러 이르는 말
- 牛乳(우유): 소의 젖
- 矯角殺牛(교각살우): 소의 뿔을 바로잡으려다가 소를 죽인다는 뜻으로, 잘못된 점을 고치려다가 그 방법이나 정도가 지나쳐 오히려 일을 그르침을 이르는 말
- 九牛一毛(구우일모): 아홉 마리의 소 가운데 박힌 하나의 털이란 뜻으로, 매우 많은 것 가운데 극히 적은 수를 이르는 말

팡팡의 연설

숨바꼭질 단어장

완전할 완 完 5급

동의어 全(온전 전)

- 完結(완결): 완전하게 끝을 맺음
- 完璧(완벽): 흠이 없는 구슬이라는 뜻으로, 결함이 없이 완전함을 이르는 말
- 完成(완성): 완전히 다 이룸
- 完勝(완승): 완전히, 또는 여유 있게 이김

마칠 료 了 3급

동의어 終(마칠 종)

- 了解(요해): 깨달아 알아냄
   了得(요득)
- 滿了(만료): 기간이 다 차서 끝남
- 修了(수료): 일정한 학과를 다 배워서 끝냄

글귀 구 句 4급Ⅱ

- 句節(구절): 한 토막의 말이나 글
- 句讀點(구두점): 글을 마치거나 쉴 때 찍는 마침표와 쉼표
- 美辭麗句(미사여구): 아름다운 말로 듣기 좋게 꾸민 글귀
- 一言半句(일언반구): 한 마디 말과 반 구절이라는 뜻으로, 아주 짧은 말을 이르는 말

삼장법사의 꿈

 **숨바꼭질 단어장**

법 전 典 _{5급Ⅱ}

동의어 規(법 규), 度(법도 도), 法(법 법), 式(법 식),
　　　 律(법칙 률)

- 古典(고전): 오랫동안 많은 사람에게 널리 읽히고 모범이 될 만한 문학이나 예술 작품
- 辭典(사전): 어떤 범위 안에서 쓰이는 낱말을 모아서 일정한 순서로 배열하여 싣고 그 각각의 발음, 의미, 어원, 용법 따위를 해설한 책
- 盛典(성전): 성대한 의식
- 原典(원전): 기준이 되는 본디의 고전

날 생 生 _{8급}

동의어 産(낳을 산)
반의어 死(죽을 사), 殺(죽일 살)

- 生命(생명): 사람이 살아서 숨 쉬고 활동할 수 있게 하는 힘
- 生涯(생애): 살아 있는 한평생의 기간
- 微生物(미생물): 눈으로는 볼 수 없는 아주 작은 생물
- 醉生夢死(취생몽사): 술에 취하여 자는 동안에 꾸는 꿈속에 살고 죽는다는 뜻으로, 한평생을 흐리멍덩하게 살아감을 비유적으로 이르는 말

원칙

손톱, 발톱(指甲 지갑) 좀 깎아 주세요.

애완동물만 취급합니다.

할퀴지 않을게요.

안 됩니다.
우리 숍의 原則(원칙)이에요.

……

……

그럼~
목욕은 시켜 줄 수 있나요?

나보다 더 미쳤군!

숨바꼭질 단어장

가리킬 지, 손가락 지 指 4급Ⅱ

- 指名(지명): 여러 사람 가운데 누구의 이름을 지정하여 가리킴
  - **동음어** 地名 마을이나 지방, 산천, 지역 따위의 이름
- 指示(지시): ① 가리켜 보임 ② 일러서 시킴
- 指鹿爲馬(지록위마): 윗사람을 농락하여 권세를 마음대로 함을 이르는 말
- 十二指腸(십이지장): 위의 날문에서 빈창자 사이에 있는 작은창자의 첫 부분

갑옷 갑, 손톱 갑 甲 4급

- 甲富(갑부): 첫째가는 큰 부자
- 甲板(갑판): 군함과 같은 큰 배 위에 나무나 철판으로 깔아 놓은 넓고 평평한 바다
- 同甲(동갑): 같은 나이. 나이가 같은 사람
- 指甲(지갑): 손톱과 발톱을 통틀어 이르는 말
- 環甲(환갑): 육십갑자의 '갑(甲)'으로 되돌아온다는 뜻으로, 예순한 살을 이르는 말
  - **동의어** 回甲(회갑)

법칙 칙, 곧 즉 則 5급

- 校則(교칙): 학생이 지켜야 할 학교의 규칙
- 反則(반칙): 법칙이나 규정, 규칙 따위를 어김
- 守則(수칙): 행동이나 절차에 관하여 지켜야 할 사항을 정한 규칙

구인 구직

숨바꼭질 단어장

밟을 [리] 履 3급Ⅱ

동의어 踏(밟을 답)

- 履修(이수): 해당 학과를 순서대로 공부하여 마침
- 履行(이행): 실제로 행함
- 木履(목리): 나막신

캘 [채] 採 4급

- 採錄(채록): 필요한 자료를 찾아 모아서 적거나 녹음함
- 採點(채점): 시험 답안의 맞고 틀림을 살피어 점수를 매김
- 採血(채혈): 병의 진단이나 수혈 따위를 위하여 피를 뽑는 일
- 特採(특채): 특별히 채용함

쓸 [용] 用 6급Ⅱ

동의어 費(쓸 비)

- 用件(용건): 볼일. 해야 할 일
- 用語(용어): 일정한 분야에서 주로 사용하는 말
- 兼用(겸용): 한 가지를 여러 가지 목적으로 씀
- 濫用(남용): 권리나 권한 따위를 본래의 목적이나 범위를 벗어나 함부로 행사함

만화 보는 이유 1

숨바꼭질 단어장

어른 장 丈 3급 II

동의어 長(긴 장, 어른 장)
반의어 少(적을 소, 젊을 소)

- 丈母(장모): 아내의 어머니
- 丈人(장인): 아내의 아버지

  동음어 匠人 예술가의 창작 활동이 심혈을 기울여 물건을 만드는 것과 같다는 뜻으로, 예술가를 두루 이르는 말

- 大丈夫(대장부): 건장하고 씩씩한 사내
- 春府丈(춘부장): 남의 아버지를 높여 부르는 말

서리 상 霜 3급 II

- 霜菊(상국): 서리가 올 때 피는 국화
- 霜害(상해): 서리로 인한 피해
- 秋霜(추상): 가을의 찬 서리
- 萬古風霜(만고풍상): 아주 오랜 세월 동안 겪어 온 많은 고생

만화 보는 이유 2

숨바꼭질 단어장

매양 (매) **每** 7급Ⅱ

- 每年(매년): ① 한 해 한 해 ② 해마다
- 每事(매사): 모든 일
- 每月(매월): ① 매달 ② 다달이
- 每日(매일): ① 각각의 개별적인 날 ② 하루 하루마다

넓을 (광) **廣** 5급Ⅱ

반의어 狹(좁을 협)

- 廣野(광야): 텅 비고 아득히 넓은 들
- 廣場(광장): 많은 사람이 모일 수 있게 거리에 만들어 놓은, 넓은 빈터
- 廣範圍(광범위): 범위가 넓음. 또는 넓은 범위
- 高大廣室(고대광실): 매우 크고 좋은 집

고할 (고) **告** 5급Ⅱ

동의어 報(알릴 보)

- 告發(고발): 세상에 잘 알려지지 않은 잘못이나 비리 따위를 드러내어 알림
- 告白(고백): 마음속에 생각하고 있는 것이나 감추어 둔 것을 사실대로 숨김없이 말함
- 報告(보고): 일에 관한 내용이나 결과를 말이나 글로 알림
- 豫告(예고): 미리 알림

동정

아친, 넌 너무 불쌍해~

난 널 동정해~ 연민해~

매일 나 같은 천재와 같이 있으려면 얼마나 부담될까?

제일 짜증나는 건 바로 네 그 王子病(왕자병) 이거든!

그래 그래, 다 풀어~ 그렇게라도 네 콤플렉스를 慰勞(위로)받을 수 있다면야~

✒️ **숨바꼭질 단어장**

임금 ⑧ 王 [8급]

동의어 君(임금 군), 帝(임금 제), 皇(임금 황)
반의어 臣(신하 신), 民(백성 민)

－王命(왕명): 임금의 명령
－王妃(왕비): 임금의 아내
－王朝(왕조): 같은 왕가에 속하는 통치자의 계열. 또는 그 왕가가 다스리는 시대
－國王(국왕): 나라의 임금

위로할 ⑨ 慰 [4급]

－慰問(위문): 위로하기 위하여 문안하거나 방문함
－慰安(위안): 위로하여 마음을 편하게 함. 또는 그렇게 하여 주는 대상
－慰靈祭(위령제): 죽은 사람의 영혼을 위로하기 위하여 지내는 제사

일할 ⑩ 勞 [5급Ⅱ]

－勞苦(노고): 힘들여 수고하고 애씀
－勞力(노력): 힘들여 일함
－疲勞(피로): 과로로 정신이나 몸이 지쳐 힘듦. 또는 그런 상태
－重勞動(중노동): 육체적으로 힘이 많이 드는 노동

나는 애완동물이다

숨바꼭질 단어장

또 우 又 [3급]

동의어 亦(또 역)

- 又賴(우뢰): 의뢰받은 사람이 또 다른 사람에게 의뢰함

성 성 姓 [7급 Ⅱ]

- 百姓(백성): 나라의 근본을 이루는 일반 국민을 예스럽게 이르는 말
- 異姓(이성): 성씨가 다름
- 通姓名(통성명): 처음으로 인사할 때 서로 성과 이름을 알려 줌
- 同姓同本(동성동본): 성과 본관이 모두 같음

이름 명 名 [7급 Ⅱ]

동의어 號(이름 호)

- 名望(명망): 명성(名聲)과 인망(人望)을 아울러 이르는 말
- 名分(명분): 각각의 이름이나 신분에 따라 마땅히 지켜야 할 도리
- 名譽(명예): 세상에서 훌륭하다고 인정되는 이름이나 자랑
- 署名(서명): 자기의 이름을 써 넣음

비서

숨바꼭질 단어장

각시 씨, 성씨 씨 氏 4급

동의어 姓(성 성)

- 無名氏(무명씨): 이름을 알 수 없는 사람
- 氏族社會(씨족사회): 씨족(氏族) 제도를 바탕으로 하여 성립된 원시 사회
- 創氏改名(창씨개명): '일본식 성명 강요'의 옛 용어

모일 사 社 6급Ⅱ

동의어 會(모일 회)

- 社交(사교): 여러 사람이 모여 서로 사귐
  동음어 私交 사사로운 사귐
- 社長(사장): 회사의 책임자
- 社會(사회): 같은 무리끼리 모여 이루는 집단
  동의어 司會 회의나 예식 따위를 진행함
- 新聞社(신문사): 신문을 발행하는 회사

높을 탁, 탁자 탁 卓 5급

동의어 高(높을 고)
반의어 低(밑 저, 낮을 저)

- 卓球(탁구): 나무로 만든 대(臺)의 가운데에 네트를 치고 라켓으로 공을 쳐 넘겨 승부를 겨루는 구기 경기
- 卓子(탁자): 물건을 올려놓기 위하여 책상 모양으로 만든 가구를 통틀어 이르는 말
- 食卓(식탁): 음식을 차려 놓고 둘러앉아 먹게 만든 탁자

다이어트 비법

숨바꼭질 단어장

토할 토 吐 3급Ⅱ

- 吐氣(토기): 토할 듯 메스꺼운 느낌
- 吐說(토설): 숨겼던 사실을 비로소 밝히어 말함
- 吐血(토혈): 위나 식도 따위의 질환으로 피를 토함. 또는 그 피
- 實吐(실토): 거짓 없이 사실대로 말함

검사할 검, 조사할 검 檢 4급Ⅱ

- 檢算(검산): 계산의 결과가 맞는지를 다시 조사하는 일
- 檢察(검찰): ① 검토하여 살핌 ② 검찰청
- 檢討(검토): 어떤 사실이나 내용을 분석하여 따짐
- 點檢(점검): 낱낱이 검사함

전염병 역 疫 3급Ⅱ

- 疫疾(역질): 천연두
- 免疫(면역): 반복되는 자극 따위에 반응하지 않고 무감각해지는 상태를 비유적으로 이르는 말
- 防疫(방역): 전염병이 발생하거나 유행하는 것을 미리 막는 일
- 紅疫(홍역): 홍역 바이러스가 비말 감염에 의하여 일으키는 급성 전염병

풍자 도사의 오지랖

檢疫(검역)이란 해외에서 전염병이나 해충이 들어오는 것을 막기 위하여 공항과 항구에서 하는 일들을 통틀어 이르는 말이야. 중국에서는 위생 검역 기준을 통과한 육류에 '檢(검)'자가 새겨진 파란 도장을 찍기도 해.

꿈속의 할아버지

숨바꼭질 단어장

더울 **열** **熱** [5급]

동의어 暑(더울 서)
반의어 寒(찰 한), 冷(찰 랭)

– 熱望(**열망**): 열렬(熱烈)하게 바람
– 熱心(**열심**): 어떤 일에 온 정성을 다하여 골똘하게 힘씀
– 熱中(**열중**): 한 가지 일에 정신을 쏟음
– 亞熱帶(**아열대**): 열대와 온대의 중간 지대

마음 **심** **心** [7급]

반의어 身(몸 신), 體(몸 체)

– 心性(**심성**): 타고난 마음씨
– 內心(**내심**): 속마음
– 核心(**핵심**): 사물의 가장 중심이 되는 부분
– 切齒腐心(**절치부심**): 몹시 분하여 이를 갈며 속을 썩임

짠돌이

✒ 숨바꼭질 단어장

지날 경, 글 경 經 [4급Ⅱ]

- 經過(경과): ① 시간이 지나감 ② 어떤 단계나 시기를 거침
- 經歷(경력): 여러 가지 일을 겪어 지내 옴
- 經費(경비): 사업을 경영하거나 운영하는 데 필요한 비용
  > **동음어** 警備 도난, 재난, 침략 따위를 염려하여 사고가 나지 않도록 미리 살피고 지키는 일
- 經世濟民(경세제민): 세상을 다스리고 백성을 구제함

건널 제 濟 [4급Ⅱ]

동의어 渡(건널 도)

- 決濟(결제): 일을 처리하여 끝을 냄
- 救濟(구제): 자연적인 재해나 사회적인 피해를 당하여 어려운 처지에 있는 사람을 도와줌
- 濟濟多士(제제다사): 여러 선비가 모두 뛰어남을 이르는 말
- 共濟組合(공제조합): 같은 종류의 직업을 가진 사람이나 같은 사업에 종사하는 사람들이 서로 친목을 꾀하고 좋은 일이나 어려운 일에 물질적으로 돕고자 회비를 내어 운영하는 조합

말탈 기 騎 [3급Ⅱ]

- 騎馬(기마): 말을 탐
- 騎兵(기병): 말을 타고 싸우는 병사
- 騎士(기사): 말을 탄 무사
- 匹馬單騎(필마단기): 혼자 한 필의 말을 탐. 또는 그렇게 하는 사람

점에 대한 잡담 1

귓불에 점이 있는 사람은 운수대통하고
지혜로우며 생활이 풍족하다고 해.

입술 바로 아래 중앙에 점이 있으면 어린애라도
어른스러우며 착실하고 똑 부러지지.

콧마루에 점이 있으면 재물도 잘 붙고 배우자 복도 있어.
다만 재테크와 감정 조절을 조심해야 해.

핵심은 所謂(소위),
무지공활백세(無痣空活百歲)라~ '뜻이 없으면
백 살을 살아도 헛산다'는 뜻이지.

그 '점 지(痣)'가 아니라
'뜻 지(志)'거든!

잘난 척은~

숨바꼭질 단어장

이를 위 **謂** 3급 II

- 可謂(가위): 한마디로 이르자면
- 所謂(소위): 이른바

해 세 **歲** 5급 II

- 歲拜(세배): 섣달그믐이나 정초에 웃어른께
  인사로 하는 절
- 歲月(세월): 흘러가는 시간
- 萬歲(만세): 영원한 삶
- 年歲(연세): 나이의 높임 말

뜻 지 **志** 4급 II

동의어 意(뜻 의), 情(뜻 정)

- 志願(지원): 어떤 일이나 조직에 뜻을 두어 한
  구성원이 되기를 바람
- 立志(입지): 뜻을 세움
  동음어 立地 식물이 생육하는 일정한 장소의 환경
- 鬪志(투지): 싸우고자 하는 굳센 마음
- 初志一貫(초지일관): 처음에 세운 뜻을 끝까
  지 밀고 나감

난센스 퀴즈

> 마음 상태와 관련된 단어를 연상해 보는 난센스 퀴즈~ 닭이 북극에 가면?

鷄凍(윤계동, 닭이 얼다)

> 정답은 激動(격동) 하하~ 웃기지! 둘 다 중국어 발음이 지둥[jī dòng]이거든.

> 닭이 알을 낳으러 가면?

蛋腚(윤단정, 蛋 새알 단, 腚 볼기 정, 엉덩이)

> 정답은 淡定 (윤담정, 냉정, 침착) 하하! 둘 다 발음이 단딩 [dàn dìng]이거든.

🖌 숨바꼭질 단어장

격할 (격) 激 4급

- 激烈(격렬): 말이나 행동이 세차고 사나움
- 感激(감격): 마음에 깊이 느끼어 크게 감동함. 또는 그 감격
- 自激之心(자격지심): 자기가 한 일에 대하여 스스로 미흡하게 여기는 마음

움직일 (동) 動 3급 II

반의어 靜(고요할 정)

- 動機(동기): 어떤 일이나 행동을 일으키게 하는 계기
- 動力(동력): 어떤 일을 발전시키고 밀고 나가는 힘
- 輕擧妄動(경거망동): 경솔하여 생각 없이 행동함. 또는 그런 행동

맑을 (담) 淡 7급 II

동의어 淑(맑을 숙), 清(맑을 청)

- 淡淡(담담): 차분하고 평온함
- 冷淡(냉담): 태도나 마음씨가 동정심 없이 차가움

풍자 도사의 오지랖

뜻과 독음, 거기에 중국어 발음까지 알면 그야말로 일석삼조! 난센스 한자 퀴즈는 중국어 발음의 해음(諧音) 현상을 이용한 거야. 해음이란 음이 같거나 비슷한 것을 말해. 흥분하다는 뜻의 激動(격동)은 중국어 발음이 鷄凍(계동)과 같아. 지둥[jī dòng]! 냉정하다는 뜻인 淡定(담정)의 발음도 蛋腚(단정)의 발음과 같지. 단딩[dàn dìng]!

공포 영화

어린 동물들과 풍자가 공포 영화를 보고 있는 중.
다들 무서워서 덜덜… 풍자 혼자 재미있다고~

우리가 본 영화가
뭔지 알겠어?

〈13일의 금요일〉 틀렸어!

〈링〉? 〈주온〉? 틀렸어!

정답은…

뭐야 그럼?

滿漢全席
(만한전석)!

숨바꼭질 단어장

찰 만 **滿** [4급II]

동의어 充(채울 충)
반의어 空(빌 공), 虛(빌 허)

- 滿開(만개): ① 활짝 핌 ② 활짝 열어 놓음
- 滿天下(만천하): 온 천하
- 滿場一致(만장일치): 모든 사람의 의견이 같음
- 自信滿滿(자신만만): 매우 자신 있음

한수 한, 한나라 한 **漢** [7급II]

- 漢江(한강): 우리나라 중부를 흐르는 강
- 漢字(한자): 중국에서 만들어 오늘날에도 쓰고 있는 문자
- 怪漢(괴한): 거동이나 차림새가 수상한 사내

자리 석 **席** [6급]

동의어 座(자리 좌)

- 客席(객석): 극장 따위에서 손님이 앉는 자리
- 空席(공석): 빈자리
  동음어 公席 공적인 모임의 자리
- 方席(방석): 앉을 때 밑에 까는 작은 깔개

풍자 도사의 오지랖

'만한전석'은 최소 108가지에서 최대 수백 가지의 만주족풍 요리와 한족풍 요리를 갖춘 호화 연회석을 말해. 청나라 중엽 궁중에서 유래했지. 여기엔 산해진미 없는 것이 없다니까. 동물들이 왜 부들부들 떨고 있는지 이제 알겠지?

웃긴다!

점장님이 지나가며(過 지날 과)~

후훗~

팡팡이가 지나가며~

크크크~

아친이 지나가며~

둘이 참 많이 닮았어~
키득

미쳤어!
뭐가 웃긴다고!

어이

숨바꼭질 단어장

지날 과 **過** 5급Ⅱ

- 過分(과분): 분수에 넘침
- 過速(과속): 자동차 따위의 주행 속도를 너무 빠르게 함. 또는 그 속도
- 過熱(과열): 지나치게 뜨거워짐
- 改過遷善(개과천선): 지난날의 잘못이나 허물을 고쳐 올바르고 착하게 됨

풍자 여동생 풍매 1

난 황도 캔이 제일 좋아. 千辛萬苦(천신만고) 끝에 얻은 특급 황도. 공장에서 매년 한정판으로 딱 하나밖에 안 만들거든.

낼름!! 후룩후룩~ 앗!

우적우적 냠냠 오, 마이 갓!

이게 뭐야. 젤리보다 맛없잖아.

저게 동생인지 원수인지! 네 姓(성)을 갈아 주마!!!

✎ 숨바꼭질 단어장

매울 (신) 辛 3급

동의어 辣(매울 렬)

- 辛苦(신고): 어려운 일을 당하여 몹시 애씀
- 辛方(신방): 이십사방위의 하나로, 정서(正西)에서 북으로 30도 방위를 중심으로 한 15도 각도 안의 방향
- 香辛料(향신료): 음식에 맵거나 향기로운 맛을 더하는 조미료

일만 (만) 萬 8급

- 萬能(만능): 모든 일에 다 능통하거나 모든 일을 다 할 수 있음
- 萬古不變(만고불변): 아주 오랜 세월 동안 변하지 않음
- 氣高萬丈(기고만장): 일이 뜻대로 잘될 때, 우쭐하여 뽐내는 기세가 대단함
- 千辛萬苦(천신만고): 천 가지 매운 것과 만 가지 쓴 것이라는 뜻으로, 온갖 어려운 고비를 다 겪으며 심하게 고생함을 이르는 말
- 千不當萬不當(천부당만부당): 어림없이 사리에 맞지 않음

오빠, 미키 마우스(⊜米老鼠)가 유명하지?

응!

도날드 덕(⊜唐老鴨)도 유명하지?

그렇지!

오빠도 성공하려면 그들에게 뭔가 배워야 할 것 같아.

그게 먼데?

오빠도 이름에 老(늙은이 로)자를 더하는(增 더할 증) 거야! 계씨니까 계로자(桂老子)라고 부를게!

헉~

숨바꼭질 단어장

더할 증 **增** [4급II]

동의어 加(더할 가)
반의어 減(덜 감), 削(깎을 삭), 除(덜 제)

- 增額(증액): 액수를 늘림
- 增築(증축): 이미 지어져 있는 건축물에 덧붙여 더 늘리어 지음
- 增幅(증폭): 사물의 범위가 늘어나 커짐
- 割增(할증): 일정한 값에 얼마를 더함

계수나무 계 **桂** [3급II]

- 月桂冠(월계관): 승리하거나 남보다 앞섬으로써 가지는 영광스러운 명예를 비유적으로 이르는 말
- 月桂樹(월계수): 녹나뭇과의 상록 교목
- 桂冠詩人(계관시인): 17세기부터 영국 왕실에서 국가적으로 뛰어난 시인을 이르는 명예로운 칭호

풍자 도사의 오지랖

미키 마우스는 米老鼠(鼠 쥐 서)[mǐ lǎo shǔ, 미라오수]로, 도날드 덕은 唐老鴨(鴨 오리 압)[táng lǎo yā, 탕라오야]로 통용되고 있어. 그리고 한국 브랜드 이마트도 뜻과 음을 번역해서 易买得[yì mǎi dé, 이마이더]라고 하지. 우리가 즐겨 찾는 맥도널드(McDonald's)는 麦当劳[mài dāng láo, 마이땅라오], 세계적인 음료 코카콜라는 可口可乐[kě kǒu kě lè, 커커우커러]라고 해.

잠깐 쉴게

풍자야,
그만 자고(睡 졸음 수)
일어나 일해야지.

잠깐만, 잠깐만 쉴게
(休 쉴 휴).

끙~

풍자야~
풍자야!

오늘은 여기까지.
담에… 담에 봐요~

너 니가
잇큐 선사(禪師)
인 줄 아냐! 픽~

숨바꼭질 단어장

졸음 수 睡 [3급]

동의어 眠(잠잘 면)

- 午睡(오수): 낮잠
- 昏睡狀態(혼수상태): ① 정신없이 잠이 듦 ② 의식을 잃고 인사불성이 되는 일

쉴 휴 休 [7급]

동의어 息(쉴 식)

- 休息(휴식): 하던 일을 멈추고 잠깐 쉼
- 休日(휴일): 일요일이나 공휴일 따위의 일을 하지 않고 쉬는 날
- 連休(연휴): 휴일이 이틀 이상 계속되는 일. 또는 그 휴일
- 出産休暇(출산휴가): 일하는 여성이 아이를 낳기 위하여 얻는 휴가

선 선 禪 [3급Ⅱ]

- 禪房(선방): 참선하는 방
- 坐禪(좌선): 고요히 앉아서 참선함
- 參禪(참선): 선사(禪師)에게 나아가 선도를 배워 닦거나, 스스로 선법을 닦아 구함

풍자 도사의 오지랖

잇큐(一休) 선사는 일본 애니메이션 〈잇큐(一休さん)〉에 나오는 똑똑한 스님이야. 〈잇큐〉는 14세기 일본의 선승이었던 잇큐 스님의 어린 시절을 다룬 만화인데, 방영 당시에 지금의 〈원피스〉만큼 인기가 있었다고 해. 이 만화는 꼭 중간에 "오늘은 여기까지. 다음에 봐요"라는 대사가 있어. 나도 잇큐 스님처럼 똑똑하니까 한번 따라해 봤지.

건강 모자

숨바꼭질 단어장

닦을 (수) 修 4급Ⅱ

동의어 硏(갈 연)

- 修交(수교): 나라와 나라 사이에 교제를 맺음
- 修練(수련): 인격, 기술, 학문 따위를 닦아서 단련함
- 修身齊家(수신제가): 몸과 마음을 닦아 수양하고 집안을 다스림
- 修好條約(수호조약): 국제법에서의 여러 원칙을 완전히 준수할 수 없는 나라와 교통할 때, 미리 일정한 규약을 명시하여 이를 지킬 것을 약정하는 조약

선비 (사), 병사 (사) 士 5급Ⅱ

동의어 兵(병사 병), 軍(군사 군)

- 士氣(사기): 의욕이나 자신감 따위로 충만하여 굽힐 줄 모르는 기세
- 士大夫(사대부): 벼슬이나 문벌이 높은 집안의 사람
- 辯護士(변호사): 법률에 규정된 자격을 가지고 소송 당사자나 관계인의 의뢰 또는 법원의 명령에 따라 피고나 원고를 변론하며 그 밖의 법률에 관한 업무에 종사하는 사람
- 士農工商(사농공상): 고려·조선 시대에 백성을 나누던 네 가지 계급. 선비, 농부, 공장(工匠), 상인을 이르던 말

응급조치

숨바꼭질 단어장

마실 흡, 숨들이쉴 흡 吸 [4급Ⅱ]

동의어 飮(마실 음)

- 吸水(흡수): 물을 빨아들임
- 吸煙(흡연): 담배를 피움
  동의어 喫煙(끽연)
- 吸入(흡입): 액체나 기체 따위를 빨아들임
- 深呼吸(심호흡): 의식적으로 허파 속에 공기가 많이 드나들도록 숨 쉬는 방법

맑을 청 淸 [6급Ⅱ]

- 淸潔(청결): 맑고 깨끗함
- 肅淸(숙청): ① 어지러운 상태를 바로 잡음 ② 정책이나 조직의 일체성을 확보하기 위하여 반대파를 처단하거나 제거함
- 淸白吏(청백리): 재물에 대한 욕심이 없이 곧고 깨끗한 관리
- 淸風明月(청풍명월): 맑은 바람과 밝은 달

표정맨의 프러포즈

버림(棄 버릴 기)
받은 표정맨

✎ 숨바꼭질 단어장

방 (방) **房** 4급Ⅱ

- 房門(방문): 방으로 드나드는 문
  - **동음어** 訪問 어떤 사람이나 장소를 찾아가서 만나거나 봄
- 監房(감방): 교도소에서 죄수를 가두어 두는 방
- 獨守空房(독수공방): 아내가 남편 없이 혼자 지내는 것
- 文房四友(문방사우): 종이, 붓, 먹, 벼루의 네 가지 문방구

버릴 (기) **棄** 3급

- 棄權(기권): 투표나 경기 따위에 참가할 수 있는 권리를 스스로 포기하고 행사하지 않음
- 遺棄(유기): 내다 버림
- 破棄(파기): 깨뜨리거나 찢어서 내버림
- 自暴自棄(자포자기): 절망에 빠져 자신을 스스로 포기하고 돌아보지 않음

소파 빼앗기

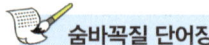 숨바꼭질 단어장

노략질할 략 掠 [3급]

- 擄掠(노략): 떼를 지어 돌아다니며 사람을 해치거나 재물을 강제로 빼앗음
- 侵掠(침략): 남의 나라를 불법으로 쳐들어가서 약탈함

빼앗을 탈 奪 [3급Ⅱ]

- 奪取(탈취): 빼앗아 가짐

  동음어 脫臭 냄새를 빼어 없앰
- 強奪(강탈): 남의 물건이나 권리를 억지로 빼앗음
- 爭奪(쟁탈): 서로 다투어 빼앗음
- 侵奪(침탈): 침범하여 빼앗음

난 소파야!

난 의자!

난 마루네…

난 소파를 掠奪(약탈)하고야 말거야.

 풍자 도사의 오지랖

한국에서도 맨 먼저 댓글을 달려고 하지? 중국도 마찬가지야. 심지어 신조어까지 만들었다니까~ 첫 번째로 댓글을 달면 '소파를 빼앗았다'라고 해. 아래로 내려가면서 의자, 마루라고 하지. 1등만 좋아하는 세상 인심이 댓글에까지 적용된다니!

싱
싱
한

개
그
판
매

아빠 엄마 오시다 1

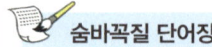

숨바꼭질 단어장

굳을 확 **確** 4급Ⅱ

동의어 固(굳을 고), 堅(굳을 견), 硬(굳을 경)
반의어 軟(연할 연)

- 確實(확실): 틀림없이 그러함
- 確定(확정): 일을 확실하게 정함
- 正確(정확): 바르고 확실함
  동의어 精確 자세하고 확실함
- 確固不動(확고부동): 튼튼하고 굳어 흔들림
  이 없음

알 인, 인정할 인 **認** 4급Ⅱ

동의어 識(알 식), 知(알 지)

- 認可(인가): 인정하여 허가함
- 認定(인정): 확실히 그렇다고 여김
  동음어 人情 사람이 본래 가지고 있는 감정이나 심성
- 公認(공인): 국가나 공공 단체 또는 사회단체
  등이 어느 행위나 물건에 대하여 인정함
  동음어 公人 공적인 일에 종사하는 사람
- 承認(승인): 어떤 사실을 마땅하다고 받아들임

아빠 엄마 오시다 2

✏️ **숨바꼭질 단어장**

말씀 **화** 話 _{7급Ⅱ}

동의어 談(말씀 담), 言(말씀 언), 語(말씀 어), 說(말씀 설)

- 對話(대화): 마주 대하여 이야기를 주고받음
- 童話(동화): 어린이를 위하여 동심(童心)을 바탕으로 지은 이야기
- 手話(수화): 청각 장애인과 언어 장애인들이 구화(口話)를 대신하여 몸짓이나 손짓으로 표현하는 의사 전달 방법
- 受話器(수화기): 전화기에서, 귀에 대고 듣는 부분. 보내온 전기 신호를 소리로 바꾸어 말을 들을 수 있게 되어 있음

붙일 **속**, 부탁할 **촉** 屬 _{4급}

동의어 附(붙을 부), 着(붙을 착)

- 屬望(촉망): 잘되길 바라고 기대함
- 歸屬(귀속): 재산이나 영토, 권리 따위가 특정 주체에 붙거나 딸림
- 所屬(소속): 일정한 단체나 기관에 딸림
- 從屬(종속): 자주성이 없이 주가 되는 것에 딸려 붙음

풍자네 가족

숨바꼭질 단어장

부를 (초) 招 [4급]

동의어 김(부를 소), 呼(부를 호), 聘*(부를 빙)

- 招來(초래): 어떤 결과를 가져오게 함
- 招請(초청): 사람을 청하여 부름
- 自招(자초): 어떤 결과를 자기가 생기게 함. 또는 제 스스로 끌어들임
- 招待狀(초대장): 어떤 자리나 모임에 초대하는 뜻을 적어서 보내는 편지

기다릴 (대) 待 [6급]

- 待接(대접): 마땅한 예로써 대함
- 期待(기대): 어떤 일이 이루어지기를 바라고 기다림
- 待合室(대합실): 공공시설에서 손님이 기다리며 머물 수 있도록 마련한 곳
- 鶴首苦待(학수고대): 학의 목처럼 목을 길게 빼고 간절히 기다림

철학자 추추의 한자소환

부를 (빙) 聘 [3급]

- 聘母(빙모): 다른 사람의 장모를 이르는 말
- 聘父(빙부): 장인(丈人). 아내의 아버지를 이르는 말
- 聘丈(빙장): 다른 사람의 장인(丈人)을 이르는 말

유전자

 숨바꼭질 단어장

갑자기 (돌) 突 [3급Ⅱ]

- 突發(돌발): 뜻밖의 일이 갑자기 일어남
- 突出(돌출): 예기치 못하게 갑자기 쑥 나오거나 불거짐
- 突破口(돌파구): 부닥친 장애나 어려움 따위를 해결하는 실마리
- 左衝右突(좌충우돌): 이리저리 마구 찌르고 부딪침

변할 (변) 變 [5급Ⅱ]

동의어 化(될 화)

- 變動(변동): 바뀌어 달라짐
- 變色(변색): 빛깔이 변하여 달라짐. 또는 빛깔을 바꿈
- 變心(변심): 마음이 변함
- 變裝(변장): 본래의 모습을 알아볼 수 없게 하기 위하여 옷차림이나 얼굴, 머리 모양 따위를 다르게 바꿈

점에 대한 잡담 2

숨바꼭질 단어장

공평할 공 公 [6급 II]

반의어 私(사사로울 사)

- 公金(공금): 국가나 공공 단체가 소유하는 돈
- 公式(공식): ① 국가적이나 사회적으로 인정된 공적인 방식 ② 계산의 법칙 따위를 문자와 기호로 나타낸 식
- 公平(공평): 어느 쪽으로도 치우치지 않고 고름
- 先公後私(선공후사): 공적인 일을 먼저 하고 사사로운 일은 뒤로 미룸

열 개 開 [6급]

반의어 閉(닫을 폐)

- 開發(개발): ① 토지나 천연자원 따위를 유용하게 만듦 ② 지식이나 재능 따위를 발달하게 함 ③ 산업이나 경제 따위를 발전하게 함
- 開放(개방): 문이나 어떠한 공간 따위를 열어 자유롭게 드나들고 이용하게 함
- 開拓(개척): 새로운 영역, 운명, 진로 따위를 처음으로 열어 나감
- 開化(개화): 나쁜 것을 고쳐 착한 것을 좇음
  동음어 開花 풀이나 나무의 꽃이 핌

누드 정장

숨바꼭질 단어장

더딜 (지), 늦을 (지) 遲 [3급]

동의어 延(늘일 연), 晚(늦을 만)
반의어 急(급할 급)

- 遲刻(지각): 정해진 시각보다 늦게 출근하거나 등교함
- 遲明(지명): 날이 밝기를 기다린다는 뜻으로, 날이 샐 무렵을 이르는 말
- 遲進兒(지진아): 학습이나 지능의 발달이 더딘 아이
- 遲遲不進(지지부진): 매우 더디어서 일 따위가 잘 진척되지 않음

새길 (각), 시간 (각) 刻 [4급]

동의어 刊(새길 간), 銘(새길 명)

- 時刻(시각): 시간의 어느 한 시점
- 刻骨痛恨(각골통한): 뼈에 사무칠 만큼 원통하고 한스러움. 또는 그런 일
- 刻骨難忘(각골난망): 남에게 입은 은혜가 뼈에 새길 만큼 커서 잊히지 않음
- 刻骨銘心(각골명심): 어떤 일을 뼈에 새길 정도로 마음속 깊이 새겨 두고 잊지 않음

선탠(suntan)

어느 날, 바닐라 아이스크림이 초콜릿 아이스크림에게 물었다.

와우, 해변으로 바캉스 다녀왔구나!

부럽다~ 똑같은 아이스크림인데 난 이게 뭐야? 허여멀건… 나도 예쁘게 선탠하고 싶어!

그러자 초콜릿 아이스크림이 움찔하며

미안… 일부러 꾸민(飾 꾸밀 식) 건 아닌데~

난 사실 똥이야!

나를 가지고 놀다니 (戱 놀이 희)!

숨바꼭질 단어장

꾸밀 ㉔ **飾** 3급Ⅱ

동의어 裝(꾸밀 장)

- 假飾(가식): 말이나 행동 따위를 거짓으로 꾸밈
- 服飾(복식): 옷의 꾸밈새
- 修飾(수식): 문장의 표현을 화려하게, 또는 기교 있게 꾸밈
- 虛禮虛飾(허례허식): 형편에 맞지 않게 겉만 번드르르하게 꾸밈. 또는 그런 예절이나 법식

놀이 ㉛ **戱** 3급Ⅱ

동의어 遊(놀 유)

- 戱曲(희곡): 등장인물들의 행동이나 대화를 기본 수단으로 하여 표현하는 예술 작품
- 戱弄(희롱): 손아귀에 넣고 제멋대로 가지고 놂
- 戱畫化(희화화): 어떤 인물의 외모나 성격, 또는 사건이 의도적으로 우스꽝스럽게 묘사되거나 풍자됨

심리 테스트 1

지구 終末(종말)이 닥쳤다! 만약 딱 한 가지 동물밖에 구할 수 없다면?

A. 토끼!

B. 사슴(鹿사슴 록)!

C. 양!

D. 말!

숨바꼭질 단어장

마칠 종 終 [5급]

동의어 末(끝 말), 端(끝 단), 了(마칠 료)
반의어 初(처음 초)

- 終結(종결): 일을 끝냄
- 終日(종일): 온종일. 아침부터 저녁까지의 동안
- 終無消息(종무소식): 끝내 아무 소식이 없음
- 自初至終(자초지종): 처음부터 끝까지의 과정

끝 말 末 [5급]

동의어 端(끝 단)
반의어 初(처음 초)

- 末期(말기): 정해진 기간이나 일의 끝이 되는 때나 시기
- 末年(말년): 일생의 마지막 무렵. 어떤 시기의 마지막 몇 해 동안
- 始末書(시말서): 잘못을 저지른 사람이 사건의 경위를 자세히 적은 문서. 경위서
- 期末考査(기말고사): 각 학기의 끝에 학력을 평가하기 위하여 실시하는 시험

사슴 록 鹿 [3급]

- 鹿角(녹각): 사슴의 뿔
- 鹿皮(녹비): 사슴의 가죽
  참고 원래 발음은 '녹피'이지만 우리나라에서는 관습적으로 굳어져 '녹비'라고 씀
- 馴鹿(순록): 사슴과의 동물로 크기는 1.8미터. 여름에는 어두운 갈색, 겨울에는 갈색이고 여러 갈래로 된 큰 뿔이 있음

심리 테스트 2

토끼, 겉으로는 얼음처럼 차갑지만 마음은 뜨겁게 타오르는
(燃 탈 연) 사람이 좋아함.

어떤 유형의
사람이 당신을
좋아할까요?
테스트 결과를
보시죠.

특별 출연: 풍자

사슴, 우아하고 예의 바른 사람에게 가장 어필함.

특별 출연: 정아

양, 순종적이고 따뜻한 사람에게 매력적으로 다가갈 수 있음.

특별 출연: 아친

말, 拘束(구속)받기 싫어하고 자유를 동경하는 사람이 좋아함.

특별 출연: 팡팡

숨바꼭질 단어장

탈 연, 사를 연 燃 4급

동의어 燒(사를 소)

– 燃料(연료): 연소하여 열, 빛, 동력의 에너지
를 얻을 수 있는 물질을 통틀어 이르는 말
– 不燃(불연): 불에 타지 않음
– 再燃(재연): 꺼졌던 불이 다시 탐
– 可燃性(가연성): 불에 잘 탈 수 있거나 타기
쉬운 성질

잡을 구 拘 3급Ⅱ

동의어 捕(잡을 포), 執(잡을 집), 獲(잡을 획)

– 拘禁(구금): 피고인 또는 피의자를 구치소나
교도소 따위에 가두어 신체의 자유를 구속하
는 강제 처분
– 拘束(구속): 행동이나 의사의 자유를 제한하
거나 속박함
– 不拘(불구): 얽매여 거리끼지 않음
– 拘置所(구치소): 구속 영장에 의하여 구속된
사람을 판결이 내려질 때까지 수용하는 시설

색깔 테스트 1

숨바꼭질 단어장

자줏빛 (자) 紫 [3급II]

- 紫色(자색): 자주색. 짙은 남빛을 띤 붉은 색
- 紫煙(자연): 보랏빛 연기
  > **동음어** 自然 사람의 힘이 더해지지 않고 세상에 스스로 존재하거나 우주에 저절로 이루어지는 모든 존재나 상태
- 紫外線(자외선): 파장이 엑스선보다 길고, 가시광선보다 짧은 전자기파
- 山紫水明(산자수명): 산은 자줏빛이고 물은 맑다는 뜻으로, 경치가 아름다움을 이르는 말

가루 (분) 粉 [4급]

동의어 末(끝 말)

- 粉乳(분유): 우유 속의 수분을 증발시키고 농축하여 가루로 만든 것
- 粉筆(분필): 칠판에 글씨를 쓰는 필기구
- 花粉(화분): 종자식물의 수술의 화분낭 속에 들어 있는 꽃의 가루
  > **동음어** 花盆 꽃을 심어 가꾸는 그릇
- 粉青沙器(분청사기): 청자에 백토(白土)로 분을 발라 다시 구워 낸 것으로 조선 시대에 만든 자기의 하나

색깔 테스트 2

숨바꼭질 단어장

깊을 (심) 深 4급Ⅱ

- 深刻(심각): 상태나 정도가 매우 깊고 중대함
- 夜深(야심): 밤이 깊음
  > **동음어** 野心 무엇을 이루어 보겠다고 마음에 품고 있는 욕망이나 소망
- 深思熟考(심사숙고): 깊이 잘 생각함
- 深山幽谷(심산유곡): 깊은 산골의 으슥한 골짜기

그릴 (모) 慕 3급Ⅱ

동의어 戀(그릴 련)

- 慕情(모정): 그리워하는 심정
- 思慕(사모): 애틋하게 생각하고 그리워함
- 愛慕(애모): 사랑하며 그리워함
- 追慕(추모): 죽은 사람을 그리며 생각함

싫어할 (혐) 嫌 3급

동의어 忌(꺼릴 기), 厭(싫어할 염)
반의어 好(좋을 호)

- 嫌家(혐가): 서로 꺼리고 미워하는 집안
- 嫌惡(혐오): 싫어하고 미워함
- 嫌疑(혐의): 범죄를 저질렀을 가능성이 있다고 봄. 또는 그 가능성

귀염둥이 정아의 꿈

 숨바꼭질 단어장

고무래 (정), 넷째천간 (정) 丁 [4급]

- 丁寧(정녕): 조금도 틀림없이 꼭
- 白丁(백정): 소나 개, 돼지 따위를 잡는 일을 직업으로 하는 사람
- 兵丁(병정): 병역에 복무하는 장정
- 壯丁(장정): 나이가 젊고 기운이 좋은 남자

거동 (의), 천문기계 (의) 儀 [4급]

- 儀式(의식): 행사를 치르는 일정한 법식
  - **동의어** 儀禮(의례)
- 儀容(의용): 몸을 가지는 태도. 또는 차린 모습
- 禮儀(예의): 존경의 뜻을 표하기 위하여 예로 써 나타내는 말투나 몸가짐
- 祭天儀式(제천의식): 하늘을 숭배하고 제사 지내는 원시 종교 의식

정아의 생일

숨바꼭질 단어장

빌 축 祝 5급

동의어 祈(빌 기), 禱(빌 도)

- 祝歌(축가): 축하의 뜻을 담은 노래
- 祝福(축복): 행복을 빎. 또는 그 행복
- 祝電(축전): 축하하는 뜻을 나타내기 위하여 보내는 전보
  동음어 祝典 축하하는 뜻으로 행하는 의식이나 행사
- 自祝(자축): 자기에게 생긴 좋은 일을 스스로 축하함

하례할 하 賀 3급 II

동의어 慶(경사 경)

- 賀客(하객): 축하하는 손님
- 致賀(치하): (주로 윗사람이 아랫사람에게) 남이 한 일에 대하여 고마움이나 칭찬의 뜻을 표시함
  동음어 治下 통치 아래
- 年賀狀(연하장): 새해를 축하하기 위하여 간단한 글이나 그림을 담아 보내는 엽서나 편지
- 謹賀新年(근하신년): 삼가 새해를 축하한다는 뜻으로, 새해의 복을 비는 인사말

귀신 신 神 6급 II

동의어 鬼(귀신 귀), 靈(신령 령)

- 神童(신동): 재주와 슬기가 남달리 뛰어난 아이
- 神秘(신비): 일이나 현상 따위가 사람의 힘이나 지혜 또는 보통의 이론이나 상식으로는 도저히 이해할 수 없을 만큼 신기하고 묘함
- 神出鬼沒(신출귀몰): 귀신같이 나타났다가 사라진다는 뜻으로, 자유자재로 나타나고 사라짐을 비유적으로 이르는 말

라이벌

숨바꼭질 단어장

칠 정 征 3급Ⅱ

동의어 伐(칠 벌), 討(칠 토), 打(칠 타), 擊(칠 격), 拍(칠 박)

- 征夫(정부): ① 전쟁터로 나가는 군사 ② 먼 길을 가는 남자
- 征人(정인): 출정하는 사람
  동음어 情人 남몰래 정을 통하는 남녀 사이에서 서로를 이르는 말
- 長征(장정): 먼 여정에 걸쳐 정벌을 함
- 遠征隊(원정대): 연구, 탐험, 경기를 위해 먼 곳으로 가기 위해 조직된 무리

옷 복 服 6급

동의어 衣(옷 의)

- 服用(복용): 약을 먹음
- 服裝(복장): 옷차림
- 服制(복제): 옷차림에 대한 규정
  동음어 複製 본디의 것과 똑같은 것을 만듦
- 不服(불복): 남의 명령·결정 따위에 복종·항복 따위를 하지 않음

대적할 적, 원수 적 敵 4급Ⅱ

- 敵手(적수): 재주나 힘이 서로 비슷해서 상대가 되는 사람
- 無敵(무적): 매우 강하여 겨룰 만한 맞수가 없음
- 匹敵(필적): 능력이나 세력이 엇비슷하여 서로 맞섬
- 衆寡不敵(중과부적): 적은 수효로 많은 수효를 대적하지 못함

영원히 붉은 꽃

此乃人無千日好, 花無百日紅
(차내인무천일호, 화무백일홍)이라… 천일 동안 좋은
사람 없고, 백일 동안 붉은 꽃이 없다.

꼭 그렇지는 않아~ 어떤 꽃은 수십 년이나
지났는데, 아직 피어나고 있다고!

어떤 꽃인데?!

花(화)가 아니라 華(화)겠지!

4대 천왕의 하나 劉德華
(유덕화)!

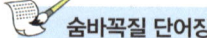 **숨바꼭질 단어장**

이 차 此 [3급Ⅱ]

동의어 是(이 시)
반의어 彼(저 피)

- 此後(차후): 지금부터 이후
- 如此(여차): 일이 뜻대로 되지 않음
- 於此彼(어차피): 이렇게 하든지 저렇게 하든지
- 此日彼日(차일피일): 이 날 저 날 하고 자꾸 기한을 미루는 모양

이에 내 乃 [3급]

- 乃子(내자): 그 아들
- 乃至(내지): '얼마에서 얼마까지'를 나타내는 말
- 人乃天(인내천): 사람이 곧 한울(하늘)이라는 천도교의 기본 사상

빛날 화 華 [4급]

동의어 煥(빛날 환), 燦(빛날 찬), 輝(빛날 휘)

- 華燭(화촉): 빛깔을 들인 밀초
- 豪華(호화): 사치스럽고 화려함
- 富貴榮華(부귀영화): 재산이 많고 지위가 높으며 귀하게 되어서 세상에 드러나 온갖 영광을 누림

풍자 도사의 오지랖

홍콩 4대 천왕 중 한 사람이 바로 劉德華(유덕화)야. 영화배우로, 가수로, 제작자로 홍콩 영화계를 대표하는 상징적 인물이지. 한국과도 인연이 깊어. 영화 〈묵공〉(2006)에서 안성기와 호흡을 맞췄고, 그해 부산국제영화제에서 '올해의 아시아 영화인'으로 선정되기도 했어. 50세가 넘었는데도 '홍콩 오빠'라고 불리고 있지.

白(백)과 的(적)

어느 날 저녁, 小白(소백)이 的(적)을 때리며 길을 가던 중 大白(대백)을 만났다.

사람 살려!

소백

뭐지?

적

소백, 넌 너무 폭력적이야! 왜 적을 때리는 거야?

흑흑~ 서러워

대백

소백이 난감한 듯이

어쩔 수 없어. 야근하는 바람에 打的(타적)할 수 밖에.

打的? (종택시 탄다고?!)

헉!

대백이 잠깐 생각하더니

나도 막 퇴근하는 길인데~ 그럼 우리 같이 '打的(타적)'할까?

악~ 둘이 같이? 이름이 최나?

숨바꼭질 단어장

과녁 적 的 5급Ⅱ

- 的中(적중): 예상이나 추측 또는 목표 따위에 꼭 들어맞음
- 的確(적확): 정확하게 맞아 조금도 틀리지 않음
- 目的(목적): 실현하려고 하는 일이나 나아가는 방향
- 天賦的(천부적): 태어날 때부터 지닌, 또는 그런 것

칠 타 打 5급

동의어 擊(칠 격)

- 打開(타개): 매우 어렵거나 막힌 일을 잘 처리하여 해결의 길을 엶
- 打倒(타도): 어떤 대상이나 세력을 쳐서 거꾸러뜨림
- 强打(강타): 세게 침
- 代打(대타): 어떤 일을 원래 하던 사람을 대신하는 사람을 비유적으로 이르는 말

풍자 도사의 오지랖

'택시를 타다'는 중국어로 打的 [dǎ dī, 다디]라고 하지. 하나 더! 택시를 다른 말로 出租車 [chū zū chē, 추쭈처] 혹은 計程車 [jì chéng chē, 지청처]라고도 해.

칼

숨바꼭질 단어장

칼 도 刀 [3급Ⅱ]

동의어 劍(칼 검)

- 面刀(면도): 얼굴이나 몸에 난 수염이나 잔털을 깎음
- 執刀(집도): 수술이나 해부를 하기 위하여 수술칼을 잡음
- 單刀直入(단도직입): 혼자서 칼 한 자루를 들고 적진으로 곧장 쳐들어간다는 뜻으로, 여러 말을 늘어놓지 않고 바로 요점이나 본문제를 중심적으로 말하는 것을 이르는 말
- 一刀兩斷(일도양단): 어떤 일을 머뭇거리지 않고 선뜻 결정함을 비유적으로 이르는 말

쇠 철 鐵 [5급]

- 鐵橋(철교): 철을 주재료로 하여 놓은 다리
- 鐵道(철도): 침목 위에 철제의 궤도를 설치하고, 그 위로 차량을 운전하여 여객과 화물을 운송하는 시설

  동의어 鐵路(철로)

- 地下鐵(지하철): 지하 철도 위를 달리는 전동차

피라미드 이야기

글자 자 **字** 7급

- 文字(문자): 인간의 의사소통을 위한 시각적인 기호 체계
- 略字(약자): 복잡한 글자의 점이나 획 따위의 일부를 생략하여 간략하게 한 글자
  동음어 弱者 힘이나 세력이 약한 사람이나 생물
- 點字(점자): 손가락으로 더듬어 읽도록 만든 시각 장애인용 문자
- 十字架(십자가): 기독교도를 상징하는 '十' 자 모양의 표. 존경·명예·희생·속죄의 표상으로 쓰임

탑 탑 **塔** 3급Ⅱ

- 金塔(금탑): 황금으로 만들거나 겉에 도금을 하여 만든 탑
- 佛塔(불탑): 절에 세운 탑
- 司令塔(사령탑): 작전이나 지시 따위를 하는 중추부
- 象牙塔(상아탑): ① 속세를 떠나 오로지 학문이나 예술에만 잠기는 경지 ② 대학을 비유적으로 이르는 말

풍자 도사의 오지랖

중국에서는 피라미드를 '金字塔(금자탑)'이라고 불러. 피라미드 모양이 '金(쇠 금)'자처럼 생기지 않았어? 비슷하지?

미라

숨바꼭질 단어장

침노할 (침) 侵 [4급Ⅱ]

동의어 掠(노략질할 략), 擄(노략질할 로)

- 侵攻(침공): 다른 나라를 침략하여 공격함
- 侵入(침입): 침범하여 들어가거나 들어옴
- 侵害(침해): 침범하여 해를 끼침
- 不可侵(불가침): 침범해서는 안 됨

범할 (범) 犯 [4급]

- 共犯(공범): 범죄 구성 요건에 해당하는 행위를 공동으로 실행한 사람
- 防犯(방범): 범죄가 생기지 않도록 미리 막음
- 眞犯(진범): 어떤 죄를 저지른 바로 그 사람
- 完全犯罪(완전범죄): 범인이 범행의 증거가 될 만한 물건이나 사실을 전혀 남기지 않아 자기의 범행 사실을 완전하게 숨김으로써 성립하는 범죄

풍자의 다른 모습

  숨바꼭질 단어장

재주 술 術 6급Ⅱ

동의어 技(재주 기), 藝(재주 예)

- 武術(무술): 무기 쓰기, 주먹질, 발길질 따위의 무도에 관한 기술
- 心術(심술): 남을 골리기 좋아하거나 남이 잘못되는 것을 좋아하는 마음보
- 話術(화술): 말재주. 말을 잘하는 슬기와 능력
- 處世術(처세술): 사람들과 사귀며 세상을 살아가는 방법이나 수단

빌 공 空 7급Ⅱ

동의어 虛(빌 허)
반의어 滿(찰 만)

- 空白(공백): 아무것도 없이 비어 있음
- 空中(공중): 하늘과 땅 사이의 빈 곳
- 架空人物(가공인물): 실제로는 존재하지 않는, 상상 또는 가상(假想)으로 꾸며 낸 인물
- 卓上空論(탁상공론): 현실성이 없는 허황한 이론이나 논의

명품 파리채

숨바꼭질 단어장

높을 고 高 [6급Ⅱ]

동의어 崇(높을 숭)
반의어 低(낮을 저), 下(아래 하)

- 高級(고급): 물건이나 시설 따위의 품질이 뛰어나고 값이 비쌈
- 高官大爵*(고관대작): 지위가 높고 훌륭한 벼슬. 또는 그런 위치에 있는 사람
- 眼高手卑(안고수비): 눈은 높으나 솜씨는 서투르다는 뜻으로, 이상만 높고 실천이 따르지 못함을 이르는 말
- 天高馬肥(천고마비): 하늘이 높고 말이 살찐다는 뜻으로, 하늘이 맑아 높푸르게 보이고 온갖 곡식이 익는 가을철을 이르는 말

중 승 僧 [3급Ⅱ]

- 僧家(승가): 절을 달리 이르는 말
- 僧舞(승무): 장삼과 고깔을 걸치고 북채를 쥐고 추는 민속춤
- 僧服(승복): 승려의 옷

  동음어 承服 결과를 인정하고 따름

- 破戒僧(파계승): 계율을 깨뜨린 승려

철학자 추추의 한자소환

벼슬 작 爵 [3급]

- 爵位(작위): 벼슬과 지위를 통틀어 이르는 말
- 公爵(공작): 다섯 등급으로 나눈 귀족의 작위 가운데 첫째 작위

점에 대한 잡담 3

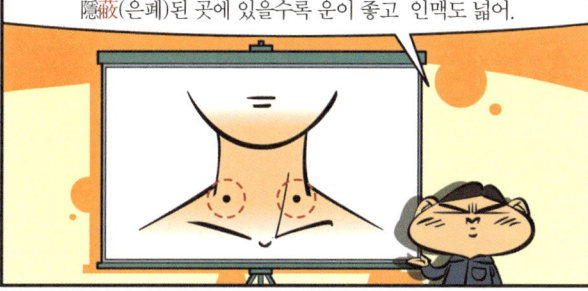

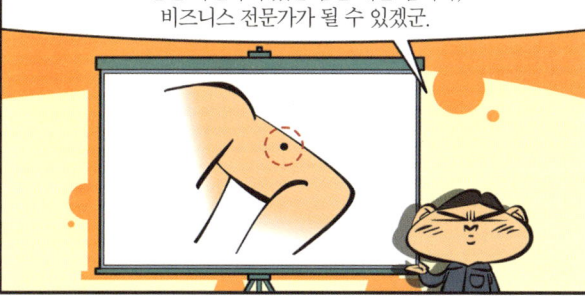

숨바꼭질 단어장

덮을 (폐) 蔽 3급

동의어 隱(숨을 은), 蓋(덮을 개)

- 隱蔽(은폐): 덮어 감추거나 가리어 숨김
- 蔽一言(폐일언): 이러니저러니 할 것 없이 한 마디로 휩싸서 말함
- 建蔽率(건폐율): 대지 면적에 대한 건물의 바닥 면적의 비율

손바닥 (장) 掌 3급Ⅱ

- 管掌(관장): 일을 맡아서 주관함
- 合掌(합장): 두 손바닥을 합하여 마음이 한결같음을 나타냄
- 如反掌(여반장): 손바닥을 뒤집는 것 같다는 뜻으로, 일이 매우 쉬움을 이르는 말
- 掌篇小說(장편소설): 콩트

  동음어 長篇小說 구성이 복잡하고 다루는 세계도 넓으며 등장인물도 다양한 긴 소설

나 좀 때려 줘!

숨바꼭질 단어장

나 아 我 3급Ⅱ

동의어 余(나 여), 予(나 여), 吾(나 오)

- 我執(아집): 자기중심의 좁은 생각에 집착하여 다른 사람의 의견이나 입장을 고려하지 않고 자기만을 내세우는 것
- 自我(자아): 자기 자신에 대한 의식이나 관념
- 我田引水(아전인수): 자기 논에 물 대기라는 뜻으로, 자기에게만 이롭게 되도록 생각하거나 행동함을 이르는 말
- 物我一體(물아일체): 외물(外物)과 자아, 객관과 주관, 또는 물질계와 정신계가 어울려 하나가 됨

기운 기 氣 7급Ⅱ

- 氣力(기력): 사람의 몸으로 활동할 수 있는 정신과 육체의 힘
- 氣分(기분): 대상·환경 따위에 따라 마음에 절로 생기며 한동안 지속되는 유쾌함이나 불쾌함 따위의 감정
- 氣絶(기절): 두려움, 놀람, 충격 따위로 한동안 정신을 잃음
- 氣高萬丈(기고만장): ① 펄펄 뛸 만큼 대단히 성이 남 ② 일이 뜻대로 잘될 때, 우쭐하여 뽐내는 기세가 대단함
- 氣骨壯大(기골장대): 기골이 건장하고 큼

똥취의 고민

숨바꼭질 단어장

냄새 (취) 臭 [3급]

– 臭氣(취기): 좋지 않은 냄새
– 惡臭(악취): 나쁜 냄새
– 體臭(체취): 몸에서 나는 냄새
– 口尙乳臭(구상유취): 입에서 아직 젖내가 난
  다는 뜻으로, 말이나 행동이 유치함을 이르
  는 말

번거로울 (번) 煩 [3급]

– 煩雜(번잡): 번거롭게 뒤섞여 어수선함
– 百八煩惱(백팔번뇌): 사람이 지닌 108가지
  의 번뇌
– 食少事煩(식소사번): 먹을 것은 적은데 할 일
  은 많음

질투

팔계야, 그동안 수고 많았다.

이제부터는 내가 널 보호하마.

갑자기 왜 그러세요?

……

돼지고기 값(價 값 가)이 올라서… 요즘은 네 몸값이 나보다 낫더라.

제 인기를 猜忌(시기) 하시는 거?

✏️ **숨바꼭질 단어장**

값 가 價 5급Ⅱ

동의어 值(값 치)

– 價格(가격): 물건이 지니고 있는 가치를 돈으로 나타낸 것
– 原價(원가): 상품의 제조, 판매, 배급 따위에 든 재화와 용역을 단위에 따라 계산한 가격
– 同價紅裳(동가홍상): 같은 값이면 다홍치마라는 뜻으로, 같은 값이면 좋은 물건을 가짐을 이르는 말
– 稀少價値(희소가치): 드물기 때문에 인정되는 가치

꺼릴 기 忌 3급

동의어 避(피할 피)

– 忌故(기고): 해마다 사람이 죽은 날에 제사를 지내는 일
– 忌日(기일): 해마다 돌아오는 제삿날
– 禁忌(금기): 마음에 꺼려서 하지 않거나 피함

방귀 뀌기

화장실에서 만난 풍자와 아친

난 내가 생각해도 참 훌륭해.

무슨 말이야?

방귀도 꼭 화장실에 와서 뀌거든. 환경 汚染(오염)될까 봐.

뿡

흥, 아직 멀었구면.

또 무슨 헛소리야?

난 바지 벗고 방귀 껴. 환경뿐 아니라 바지도 보호해야지.

또 졌다!

뿡

숨바꼭질 단어장

더러울 오 汚 3급

반의어 潔(깨끗할 결)

- 汚名(오명): 더러워진 이름이나 명예
- 汚點(오점): ① 더러운 점 ② 명예롭지 못한 흠이나 결점
- 貪官汚吏(탐관오리): 백성의 재물을 탐내어 빼앗는, 행실이 깨끗하지 못한 관리
- 環境汚染(환경오염): 자원 개발로 인한 자연의 파괴와 각종 교통 기관이나 공장에서 배출하는 가스나 폐수 또는 농약 따위로 동식물이나 인간의 생활 환경이 더럽혀지는 일

물들 염 染 3급Ⅱ

- 染料(염료): 옷감 따위에 빛깔을 들이는 물질
- 染織(염직): 물을 들이는 일과 베를 짜는 일을 통틀어 이르는 말
- 感染(감염): ① 나쁜 버릇이나 풍습, 사상 따위가 영향을 주어 물이 들게 함 ② 바이러스가 생명체나 기계에 들어가 증식하는 일
- 染色體(염색체): 염색질이 응축하여 염색사가 되고 이것이 나사 모양으로 몇 겹으로 꼬여서 두껍게 된 것으로, 생물의 종류나 성에 따라 그 수가 일정한 유전자의 집합체

공짜 테크닉

숨바꼭질 단어장

탄알 탄, 뛰길 탄 彈 [4급]

- 防彈(방탄): 날아오는 총알을 막음
- 指彈(지탄): 잘못을 지적하여 비난함
- 誤發彈(오발탄): 잘못 쏜 탄환(彈丸)
- 肉彈戰(육탄전): 몸을 탄알 삼아 적진에 뛰어 들어 벌이는 전투

낯 면 面 [7급]

동의어 顔(낯 안), 容(얼굴 용)

- 面目(면목): 낯. 남을 대할 체면
- 面前(면전): 보고 있는 앞
- 面接(면접): 직접 만나서 인품(人品)이나 언행(言行) 따위를 평가하는 시험
- 裏面(이면): 뒷면. 직접적으로 나타나지 않는 일의 속내

등 배 背 [4급Ⅱ]

- 背景(배경): ① 뒤쪽의 경치 ② 사건이나 환경, 인물 따위를 둘러싼 주위의 정경
- 背反(배반): 믿음과 의리를 저버리고 돌아섬
- 背恩忘德(배은망덕): 남에게 입은 은덕을 저 버리고 배신하는 태도가 있음
- 二律背反(이율배반): 서로 모순되어 양립할 수 없는 두 개의 명제

부끄러운 것

'지는 것이 부끄러운 것이 아니라, 두려운 것이 부끄러운 것이다.' 근사하지만 완전 잘못됐어.

영화 〈梅蘭芳 (매란방)〉에서

지는 것은 부끄러운 것이 아냐.

두려운 것도 전혀 부끄럽지 않지.

제일 부끄러운 것은 바로… 아무것도 하지 않는 것이야!

이 만화를 보는 친구들 모두, 파이팅!!

🖊 숨바꼭질 단어장

매화 (매) **梅** 3급Ⅱ

- 梅實(매실): 매실나무의 열매
- 梅雨(매우): 매실이 익을 무렵에 내리는 비라는 뜻으로, 해마다 초여름 계속되는 장마를 이르는 말
- 梅蘭菊竹(매란국죽): 사군자. 매화·난초·국화·대나무를 이르는 말

난초 (란) **蘭** 3급Ⅱ

- 蘭草(난초): 난초과의 식물을 통틀어 이르는 말
- 春蘭(춘란): 보춘화. 난초과의 여러해살이풀
- 金蘭之交(금란지교): 친구 사이의 아주 두터운 정을 이르는 말

꽃다울 (방) **芳** 3급Ⅱ

- 芳年(방년): 이십 세 전후의 한창 젊은 꽃다운 나이
- 綠陰芳草(녹음방초): 푸르게 우거진 나무와 향기로운 풀이라는 뜻으로, 여름철의 자연경관을 이르는 말
- 流芳百世(유방백세): 꽃다운 이름이 후세에 길이 전함

풍자 도사의 오지랖

〈매란방〉이란 영화는 〈패왕별희〉로 유명한 천카이거(陳凱歌) 감독의 작품이야. '매란방'은 청나라 말부터 중화민국에 걸쳐 활동한 경극 배우지. 남자지만 여장(女裝)을 하고 연기하는데, 여자보다 더 여자다운 중국 최고의 배우라는 걸 알아 둬!

파리별에서 온 손님 1

茫茫(망망)한 宇宙(우주),
파리 독수리호가 외롭게 운행 중

지잉~ 탁!

본부에 보고함. 방금 dq008 천체에 도착했음.
생명의 흔적 미발견!

앗!
이건?!

......

이게 꿈이냐 생시냐?
음-하하하!

정말 대단하군! 우리 집 대대로 써도 되겠어!

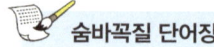

숨바꼭질 단어장

아득할 (망) 茫 3급

- 茫漠(망막): 뚜렷한 구분이 없음
- 茫茫大海(망망대해): 한없이 넓고 큰 바다
- 茫然自失(망연자실): 멍하니 정신을 잃음

집 (우) 宇 3급Ⅱ

동의어 家(집 가), 宙(집 주), 堂(집 당), 屋(집 옥),
館(집 관), 室(집 실), 宅(집 택)

- 氣宇(기우): 기개와 도량을 아울러 이르는 말
- 玉宇(옥우): 천제(天帝)가 사는 집이라는 뜻
  으로 하늘을 이르는 말
- 宇宙船(우주선): 우주 공간을 비행하기 위한
  비행 물체

집 (주) 宙 3급Ⅱ

- 宇宙人(우주인): ① 우주 비행을 위하여 특수
  훈련을 받은 비행사 ② 공상 과학 소설 따위
  에서 지구 이외의 천체에 존재한다고 생각되
  는 지적 생명체

파리별에서 온 손님 2

앗! 정체불명의 생물이닷!

똥이 심하게 진동하고 있어!

큰일 났다! 초대형 똥이랑 우주선을 몽땅 삼켜 버렸어!

본부 나와라 오버! 이 천체는 매우 위험함. 똥을 없애는 생물과 초대형 무기가 있음. 사진 發送(발송) 중!

파리별 우주비행 본부

무서운 곳이군!

파리별
市民(시민)들

✏️ **숨바꼭질 단어장**

필 **발**, 쏠 **발** 發 [6급Ⅱ]

- 發見(발견): 미처 찾아내지 못하였거나 아직 알려지지 않은 사물이나 현상, 사실 따위를 찾아냄
- 發明(발명): 아직까지 없던 기술이나 물건을 새로 생각하여 만들어 냄
- 突發事故(돌발사고): 뜻밖에 일어난 좋지 않은 일
- 一觸卽發(일촉즉발): 한 번 건드리기만 해도 폭발할 것같이 몹시 위급한 상태

시장 **시** 市 [7급Ⅱ]

- 市民(시민): 그 시에 사는 사람
- 市廳(시청): 시의 행정 사무를 맡아보는 기관. 또는 그 청사
- 市街地(시가지): 도시의 큰 길거리를 이루는 지역
- 暗市場(암시장): 법을 어기면서 몰래 물건을 사고파는 행위가 이루어지는 시장

백성 **민** 民 [8급]

반의어 君(임금 군), 王(임금 왕)

- 民間(민간): 관청이나 정부 기관에 속하지 않음
- 民權(민권): 국민의 권리
- 國泰民安(국태민안): 나라가 태평하고 백성이 편안함
- 愚民政策(우민정책): 지배하는 계급이 지배 당하는 계급의 정치적 관심이나 비판력을 둔화시킴으로써 충성심을 조성하는 정책

파리별에서 온 손님 3

본부 나와라. 우주선이 위험 생물에 의해 消滅(소멸)됨. 돌아갈 수 없음. 슈퍼 爆彈(폭탄)으로 위험 생물과 함께 자폭하겠음!

장교님의 숭고한 희생정신, 잊지 않겠습니다!

내 생애 가장 거대한 똥을 보았으니 죽어도 여한은 없다.

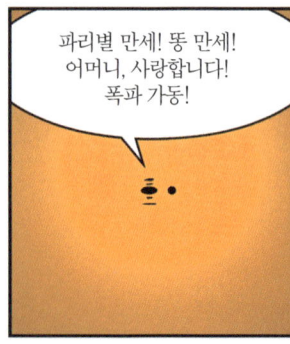

파리별 만세! 똥 만세! 어머니, 사랑합니다! 폭파 가동!

탁!!!

대체 어디서 굴러온 똥파리야? 반나절이나 앵앵거리더니 딱 걸렸어. 맛 좀 봐라~!

계풍자, 지구를 지키다!

숨바꼭질 단어장

사라질 ⓢ 消 [6급Ⅱ]

동의어 滅(멸할 멸)
반의어 顯(나타날 현)

- 消風(소풍): 휴식을 취하기 위해서 야외에 나갔다 오는 일. 逍風이라고도 씀
- 解消(해소): 어려운 일이나 문제가 되는 상태를 해결하여 없애 버림
- 消極的(소극적): 스스로 앞으로 나아가거나 상황을 개선하려는 기백이 부족하고 비활동적인 성격
- 消火器(소화기): 불을 끄는 기구
  동음어 消化器 음식물을 소화하고 흡수하는 기관

멸할 ⓜ, 꺼질 ⓜ 滅 [3급Ⅱ]

동의어 亡(망할 망)

- 不滅(불멸): 없어지거나 사라지지 않음
- 漸滅(점멸): 점점 멸망해 감
- 滅私奉公(멸사봉공): 사욕을 버리고 공익을 위하여 힘씀
- 支離滅裂(지리멸렬): 이리저리 흩어지고 찢기어 갈피를 잡을 수 없음

파리별에서 온 손님 4

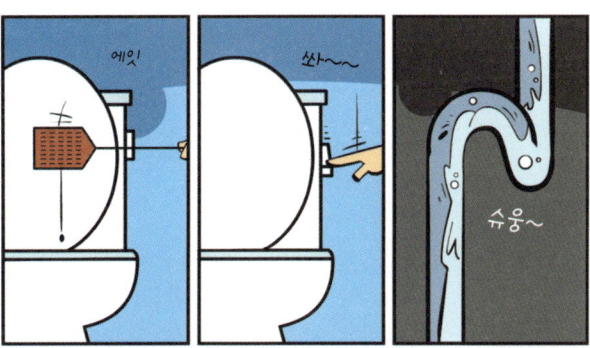

숨바꼭질 단어장

하늘 (천) 天 [7급]

동의어 乾(하늘 건)
반의어 地(땅 지), 坤(땅 곤)

- 天國(천국): 신이 있다는 이상(理想) 세계
- 露天(노천): 사방, 상하를 덮거나 가리지 않은 곳
- 天壤之差(천양지차): 하늘과 땅 사이와 같이 엄청난 차이
- 仰天大笑(앙천대소): 터져 나오는 웃음을 참을 수 없거나 어이가 없어서 하늘을 쳐다보고 크게 웃음

집 (당) 堂 [6급Ⅱ]

- 明堂(명당): 어떤 일에 썩 좋은 자리
- 書堂(서당): 예전에 한문을 사사로이 가르치던 곳
- 食堂(식당): 음식을 만들어 손님들에게 파는 가게
- 正正堂堂(정정당당): 태도나 수단이 정당하고 떳떳함

썰렁한 얼굴

숨바꼭질 단어장

아닐 비 非 [4급 II]

동의어 不(아닐 부)
반의어 是(옳을 시), 可(옳을 가)

- 非理(비리): 올바른 이치나 도리에서 어그러짐
- 非命橫死(비명횡사): 뜻밖의 사고를 당하여 제명대로 살지 못하고 죽음
- 非夢似夢(비몽사몽): 완전히 잠이 들지도 잠에서 깨어나지도 않은 어렴풋한 상태
- 非一非再(비일비재): 같은 현상이나 일이 한두 번이나 한둘이 아니고 많음

어조사 야, 이끼 야 也 [3급]

- 也無妨(야무방): 또한 거리낄 것이 없이 괜찮음
- 及其也(급기야): 마지막에 가서는
- 言則是也(언즉시야): 말인즉 옳음

방사선 차단용 신제품

회사원은 불쌍해. 밤낮 컴퓨터 앞에서
방사선을 쏘이다니…

전자파 작렬!

장시간 전자파에 노출되면 피부가 乾燥(건조)해져.
만성피로와 함께 記憶力(기억력) 저하 증상까지…

전자파를
차단하려면
어떻게
해야 하지?

날 만난 건 네 인생 최대의 행운이야!
내가 개발한 신제품만 있으면 걱정 없어!

회사원을 위한 풍자표 방사선
3중 차단 패션!

新種(신종)
사무실 귀신!

마스크

스타킹

우비

숨바꼭질 단어장

하늘 (건), 마를 (건) 乾 [3급Ⅱ]

동의어 燥(마를 조)
반의어 濕(젖을 습)

- 乾杯(건배): 술잔의 술을 다 마셔 비움
- 乾性(건성): ① 공기 중에서 쉽게 마르는 성질
  ② 수분을 그다지 필요로 하지 않는 성질
- 乾坤一擲(건곤일척): 주사위를 던져 승패를
  건다는 뜻으로, 운명을 걸고 단판걸이로 승부
  를 겨룬다는 말
- 白手乾達(백수건달): 돈 한 푼 없이 빈둥거리
  며 놀고먹는 건달

마를 (조) 燥 [3급]

동의어 乾(마를 건), 渴(목마를 갈)
반의어 濕(젖을 습)

- 燥渴(조갈): 입술이나 입 안, 목 따위가 타는
  듯이 몹시 마름
- 無味乾燥(무미건조): 재미나 멋이 없이 메마름

씨 (종) 種 [3급Ⅱ]

- 種類(종류): 사물의 부문을 나누는 갈래
- 種目(종목): 여러 가지 종류에 따라 나눈 항목
- 各種(각종): 온갖 종류. 여러 종류
- 特種(특종): ① 특별한 종류 ② 특종 기사. 어
  떤 특정한 신문사나 잡지사에서만 얻은 중요
  한 기사

콩알

콩알, 내 헤어스타일 어때? 멋지지?

얘 이름은 콩알. 특기는 絶叫(절규). 무슨 말이냐고?

음… 이상하다고 하면 기분 나빠할 거고, 멋지다고 하면 거짓말이고. 빨리 對答(대답)하면 대충 하는 것 같고, 늦게 대답하면 대답하기 싫어서 그러는 줄 알 텐데… 어쩌지? 그러니까 빠르지도 늦지도 않게, 좋지도 않고 나쁘지도 않다고 칭찬해 줘야겠다. 아, 미치겠다! 근데 이건 논리적이지가 않잖아… 분명 내가 거짓말한다고 생각할 거야…

말해 봐 얼른. 근데 표정이 왜 그래?

……

저건 또 무슨 병이야?

아아아악!! 난 내가 정말 싫어!!!

🖌 **숨바꼭질 단어장**

부르짖을 규 叫 〔3급〕

- 叫聲(규성): 부르짖는 소리
- 叫喚(규환): 큰 소리로 부르짖음
- 絶叫(절규): 있는 힘을 다하여 절절하고 애타게 부르짖음

대할 대 對 〔6급Ⅱ〕

- 對談(대담): 마주 대하고 말함
- 對等(대등): 서로 견주어 높고 낮음이나 낫고 못함이 없이 비슷함
- 對象(대상): 어떤 일의 상대 또는 목표나 목적이 되는 것
- 對角線(대각선): 다각형에서 서로 이웃하지 않은 두 꼭짓점을 잇는 선분. 맞모금

콩알, 강아지를 사다

풍자야, 나 강아지 사고 싶어.
강아지를 키우면 情緖(정서) 불안과
공포증 치료에 도움이 될 것 같아.

좋은 생각이야

강아지 키우는 건 어렵지 않아. 다만 사람과 강아지가 모두 걸릴 수
있는 전염병, 기생충병, 피부병, 털 알레르기 등을 예방해야 하니까,
집안을 청결하게 유지해야 돼. 강아지 배설물에서 세균이 繁殖(번식)
해서 공기 중에 떠돌아다닐 수 있으니까 제때 처리해 주고.

맞다, 그런데 어떤 강아지를
키울 거야?

······

아아아악!!
난 내가 정말 싫어!!!

또야?

🖌 **숨바꼭질 단어장**

뜻 정 情 5급Ⅱ

동의어 意(뜻 의), 志(뜻 지)

- 情談(정담): 정답게 주고받는 이야기
- 情況(정황): 일의 사정과 상황
- 感情(감정): 어떤 현상이나 일에 대하여 일어
  나는 마음이나 느끼는 기분
- 物情(물정): 세상의 이러저러한 실정이나 형편

실마리 서 緖 3급Ⅱ

- 緖論(서론): 말이나 글 따위에서 본격적인 논
  의를 하기 위한 실마리가 되는 부분. 序論이
  라고도 씀
- 端緖(단서): 어떤 문제를 해결하는 방향으로
  이끌어 가는 일의 첫 부분
- 頭緖(두서): 일의 차례나 갈피
- 遺緖(유서): 선대(先代)부터 이어온 사업
  동의어 遺業 (유업)

번성할 번 繁 3급Ⅱ

동의어 盛(성할 성), 昌(창성할 창)

- 頻繁(빈번): 번거로울 정도로 횟수가 잦음
- 繁榮(번영): 번성하고 영화롭게 됨
- 繁華街(번화가): 번성하여 화려한 거리

점에 관한 잡담 4

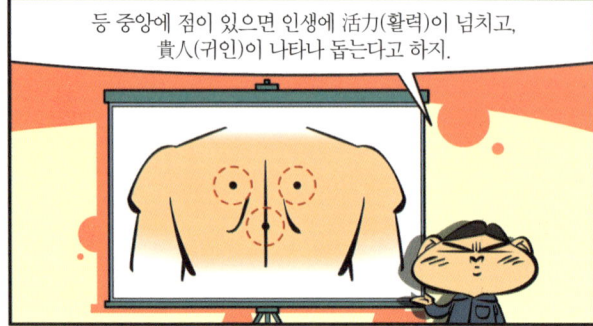

등 중앙에 점이 있으면 인생에 活力(활력)이 넘치고, 貴人(귀인)이 나타나 돕는다고 하지.

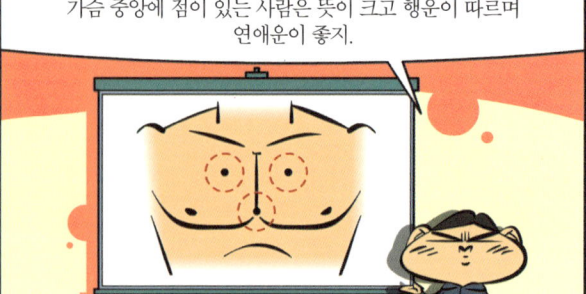

가슴 중앙에 점이 있는 사람은 뜻이 크고 행운이 따르며 연애운이 좋지.

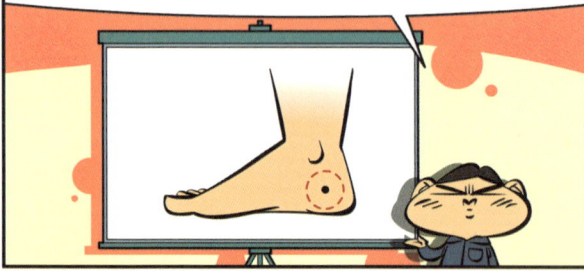

발뒤꿈치의 점은 富貴(부귀)점으로 이 점이 있는 사람은 재물이 따르고, 리더십이 강하며 뭐든 잘한다는군.

자랑은 아니지만 나도 발뒤꿈치에 점이 있어.

때 낀 게 아니고?

숨바꼭질 단어장

부자 (부) 富 [4급 II]

동의어 裕(넉넉할 유)
반의어 貧(가난할 빈)

- 豊富(풍부): 넉넉하고 많음
- 富益富(부익부): 부자일수록 더욱 부자가 됨
- 富國强兵(부국강병): 나라를 부유하게 만들고 군대를 강하게 함
- 年富力强(연부역강): 나이가 젊고 기력이 왕성함

귀할 (귀) 貴 [5급]

동의어 稀(드물 희)
반의어 賤(천할 천)

- 貴下(귀하): 편지글에서, 상대편을 높여 이름 다음에 붙여 쓰는 말
- 高貴(고귀): 훌륭하고 귀중함
- 貴重品(귀중품): 귀하고 중요한 물건
- 富貴功名(부귀공명): 재산이 많고 지위가 높으며 공을 세워 이름을 떨침

재벌 집 딸의 고백

요즘, 旗郡(기군) 그룹 總裁(총재)의 딸이 매일 동물병원에 출근

손님, 이렇게 매일 목욕시키면 강아지가 오히려 병나요.

또 왔군!

이젠 고백해야겠네요…

고백? 뭘?

저… 당신이 좋아요!

세상에 이런 일이!!

숨바꼭질 단어장

기 기 旗 〔7급〕

- 校旗(교기): 학교를 상징하는 깃발
- 國旗(국기): 일정한 형식을 통하여 한 나라의 역사, 국민성, 이상 따위를 상징하도록 정한 깃발. 우리나라의 태극기, 미국의 성조기, 일본의 일장기 따위
- 反旗(반기): ① 반란을 일으킨 무리가 그 표시로 드는 기 ② 반대의 뜻을 나타내는 행동이나 표시
- 白旗(백기): ① 흰 빛깔의 기 ② 항복의 표시로 쓰는 흰 기

고을 군 郡 〔6급〕

- 郡界(군계): 군과 군 사이의 경계
- 郡內(군내): 군의 안
- 郡民(군민): 그 군에 사는 사람

옷마를 재 裁 〔3급Ⅱ〕

- 裁量(재량): 자기의 생각과 판단에 따라 일을 처리함
- 裁判(재판): ① 옳고 그름을 따져 판단함 ② 구체적인 소송 사건을 해결하기 위하여 법원 또는 법관이 공권적 판단을 내리는 일
- 決裁(결재): 결정할 권한이 있는 상관이 부하가 제출한 안건을 검토하여 허가하거나 승인함
- 仲裁(중재): 분쟁에 끼어들어 쌍방을 화해시킴

사랑의 이유

숨바꼭질 단어장

모양 (상) 像 [3급Ⅱ]

동의어 形(모양 형), 態(모습 태)

- 假像(가상): 실물처럼 보이는 거짓 형상
- 想像(상상): 실제로 경험하지 않은 현상이나 사물에 대하여 마음속으로 그려 봄
- 映像(영상): 머릿속에서 그려지는 모습이나 광경
- 肖像畵(초상화): 사람의 얼굴을 중심으로 그린 그림

그림 (도) 圖 [6급Ⅱ]

동의어 畵(그림 화)

- 圖形(도형): 점, 선, 면, 체 또는 그것들의 집합을 통틀어 이르는 말
- 全圖(전도): 전체를 그린 그림이나 지도
- 地圖(지도): 지구 표면의 상태를 일정한 비율로 줄여, 이를 약속된 기호로 평면에 나타낸 그림
- 圖書館(도서관): 온갖 종류의 도서, 문서, 기록, 출판물 따위의 자료를 모아 두고 일반이볼 수 있도록 한 시설

풍자의 결정

숨바꼭질 단어장

돈 전 錢 [4급]

동의어 幣(화폐 폐)

- 本錢(본전): 장사나 사업을 할 때 본밑천으로 들인 돈
- 葉錢(엽전): 예전에 사용하던 놋쇠로 만든 돈
- 無錢旅行(무전여행): 여행에 드는 비용을 가지지 않고 길을 떠나 얻어먹으면서 다니는 여행

재주 재 才 [6급Ⅱ]

동의어 技(재주 기), 術(재주 술), 藝(재주 예)

- 才能(재능): 어떤 일을 하는 데 필요한 재주와 능력
- 天才(천재): 선천적으로 타고난, 남보다 훨씬 뛰어난 재주. 또는 그런 재능을 가진 사람
- 才色兼備(재색겸비): 여성이 뛰어난 미모와 재주를 함께 갖춤
- 多才多能(다재다능): 재주와 능력이 여러 가지로 많음

다할 진 盡 [4급]

동의어 窮(다할 궁)

- 極盡(극진): 마음과 힘을 다하여 애를 쓰는 것이 매우 지극함
- 氣盡脈盡(기진맥진): 기운이 다하고 맥이 다 빠져 스스로 가누지 못할 지경이 됨
- 無窮無盡(무궁무진): 끝이 없고 다함이 없음
- 縱橫無盡(종횡무진): 자유자재로 행동하여 거침이 없는 상태

고백 거절, 그 후

숨바꼭질 단어장

말 (물) 勿 3급 II

동의어 無(없을 무), 莫(없을 막)

– 勿驚(물경): '놀라지 마라' 또는 '놀랍게도'의 뜻으로 엄청난 것을 말할 때에 미리 내세우는 말
– 勿論(물론): 말할 것도 없음
– 勿忘草(물망초): 지칫과의 여러해살이풀로 잎이 어긋나고 긴 타원형임

가벼울 (경) 輕 5급

반의어 重(무거울 중)

– 輕薄(경박): 언행이 신중하지 못하고 가벼움
– 輕率(경솔): 말이나 행동이 조심성 없이 가벼움
– 輕視(경시): 깔봄. 대수롭지 않게 보거나 업신여김
– 輕擧妄動(경거망동): 경솔하여 생각 없이 망령되게 행동함. 또는 그런 행동

봉할 (봉) 封 3급 II

– 封鎖(봉쇄): 굳게 막아 버리거나 잠금
– 封印(봉인): 밀봉(密封)한 자리에 도장을 찍음
– 同封(동봉): 두 가지 이상을 같은 곳에 넣거나 싸서 봉함
– 封庫罷職(봉고파직): 어사나 감사가 못된 짓을 많이 한 고을의 원을 파면하고 관가의 창고를 봉하여 잠금

아기 돼지

아기 돼지가 엄마에게 물었다.

엄마, 우리가 사는 意義(의의)가 뭐야?

사람들이 고기를 먹고 뚱뚱해지면, 또 많은 돈을 들여 다이어트를 하지. 이는 일자리 창출로 이어진단다. 한마디로 경제 발전에 도움을 주는 거지!

그럼, 어떻게 하면 그 의의를 실현할 수 있어?

인류를 위해 죽으면(死 죽을 사)…

엥?

숨바꼭질 단어장

뜻 의 意 6급Ⅱ

동의어 志(뜻 지)

- 意圖(의도): 무엇을 하고자 하는 생각이나 계획. 또는 무엇을 하려고 꾀함
- 意識(의식): 깨어 있는 상태에서 자기 자신이나 사물에 대하여 인식하는 작용
- 意外(의외): 뜻밖. 전혀 생각이나 예상을 하지 못함
- 意向(의향): 마음이 향하는 바. 또는 무엇을 하려는 생각

옳을 의 義 4급Ⅱ

동의어 可(옳을 가)

- 義理(의리): 사람으로서 마땅히 지켜야 할 도리
- 道義(도의): 사람이 마땅히 지키고 해야 할 도덕적 의리
- 定義(정의): 진리에 맞는 올바른 도의
- 主義(주의): ① 굳게 지키는 주장이나 방침 ② 체계화된 이론이나 학설

죽을 사 死 6급

동의어 殺(죽일 살)
반의어 生(살 생), 活(살 활)

- 死亡(사망): 사람이 죽음
- 死別(사별): 죽어서 이별함
- 死色(사색): 죽은 사람처럼 창백한 얼굴빛
- 死生決斷(사생결단): 자신의 목숨을 돌보지 않고 끝장을 내려함

마스크 팩

숨바꼭질 단어장

연꽃 (련) 蓮 [3급Ⅱ]

- 蓮根(연근): 연꽃의 뿌리
- 蓮葉(연엽): 연잎
- 木蓮(목련): 목련과의 자목련, 백목련 따위를
  통틀어 이르는 말

멜 (하), 연꽃 (하) 荷 [3급Ⅱ]

- 荷物(하물): 짐. 다른 곳으로 옮기기 위하여
  챙기거나 꾸려 놓은 물건
- 負荷(부하): 짐을 짐. 일을 맡김
- 出荷(출하): 짐이나 상품 따위를 내어보냄

불을 (윤), 윤택할 (윤) 潤 [3급Ⅱ]

- 潤氣(윤기): 반질반질하고 매끄러운 기운
- 潤色(윤색): 윤이 나도록 매만져 곱게 함
- 利潤(이윤): 장사 따위를 하여 남은 돈
- 浸潤(침윤): 수분이 스며들어 젖음

못 (택), 윤택할 (택) 澤 [3급Ⅱ]

동의어 池(못 지), 潭(못 담), 沼(못 소)

- 光澤(광택): 빛의 반사로 물체의 표면에서 반
  짝거리는 빛
- 德澤(덕택): 덕분. 베풀어 준 은혜나 도움
- 惠澤(혜택): 은혜와 덕택을 아울러 이르는 말

식인족

숨바꼭질 단어장

겨레 족 族 [6급]

- 家族(가족): 부부와 같이 혼인으로 맺어지거나, 부모·자식과 같이 혈연으로 이루어지는 집단. 또는 그 구성원
- 民族(민족): 일정한 지역에서 오랜 세월 동안 공동생활을 하면서 언어와 문화상의 공통성에 기초하여 역사적으로 형성된 사회 집단
- 種族(종족): 같은 종류의 생물 전체를 이르는 말
- 配達民族(배달민족): 우리 민족을 이르는 말

폐할 폐, 버릴 폐 廢 [3급 II]

동의어 棄(버릴 기), 抛(던질 포)

- 廢水(폐수): 오염된 물
- 廢止(폐지): 실시하여 오던 제도나 법규, 일 따위를 그만두거나 없앰
- 廢車(폐차): 낡거나 못 쓰게 된 차를 없앰
- 荒廢(황폐): 집, 토지, 삼림 따위가 거칠어져 못 쓰게 됨

동음어 荒弊 거칠고 피폐함

풍자의 별명

숨바꼭질 단어장

안 (내) 内 [7급Ⅱ]

동의어 外(바깥 외)

- 內陸(내륙): 바다에서 멀리 떨어져 있는 육지
- 內幕(내막): 속사정. 겉으로 드러나지 않은 일의 속 내용
- 內面(내면): 밖으로 드러나지 않은 사람의 속마음
- 內柔外剛(내유외강): 겉으로 보기에는 강하게 보이나 속은 부드러움

  반의어 外柔內剛(외유내강): 겉으로는 부드럽고 순하게 보이나 속은 곧고 굳셈

모실 (시) 侍 [3급Ⅱ]

- 侍女(시녀): 항상 몸 가까이에서 시중을 드는 여자
- 侍衛(시위): 임금이나 어떤 모임의 우두머리를 모시어 호위함. 또는 그런 사람
- 嚴妻侍下(엄처시하): 엄한 아내를 모시는 그 아래라는 뜻으로, 아내에게 쥐여사는 남편의 처지를 놀림조로 이르는 말

집 (궁) 宮 [4급Ⅱ]

- 宮闕(궁궐): 임금이 거처하는 집
- 宮合(궁합): 혼인할 남녀의 사주를 오행에 맞추어 보아 부부로서의 좋고 나쁨을 알아보는 점
- 古宮(고궁): 옛 궁궐
- 宮廷文學(궁정문학): 궁궐 안에서 일어난 일들이나 생활을 소재로 한 문학

사랑 도매점

숨바꼭질 단어장

두 (량) **兩** [4급Ⅱ]

동의어 再(두 재)

- 兩者擇一(양자택일): 둘 중의 하나를 고름
- 物心兩面(물심양면): 물질적인 것과 정신적인 것의 두 방면
- 一擧兩得(일거양득): 한 가지 일을 하여 두 가지 이익을 얻음
- 進退兩難(진퇴양난): 이러지도 저러지도 못하는 어려운 처지

근 (근), 날 (근) **斤** [3급]

- 斤兩(근량): 무게를 나타내는 단위인 근과 냥을 아울러 이르는 말
  동음어 斤量 저울로 단 무게
- 千斤萬斤(천근만근): 무게가 천 근이나 만 근이 된다는 뜻으로, 아주 무거움을 비유적으로 이르는 말

선남선녀

숨바꼭질 단어장

주관할 (관), 대롱 (관) 管 [4급]

- 管理(관리): 어떤 일의 사무를 맡아서 처리함
- 保管(보관): 물건을 맡아서 간직하고 관리함
- 血管(혈관): 피가 흐르는 관
- 管絃*樂(관현악): 관악기, 타악기, 현악기 따위로 함께 연주하는 음악

다스릴 (리) 理 [6급 II]

동의어 治(다스릴 치)

- 理念(이념): 이상적인 것으로 여겨지는 생각
- 理由(이유): 어떠한 결론이나 결과에 이른 까닭이나 근거
- 理解(이해): 사리를 분별하여 해석함
- 論理(논리): 말이나 글에서 사고나 추리 따위를 이치에 맞게 이끌어 가는 과정이나 원리

철학자 추추의 한자소환

줄 (현) 絃 [3급]

- 續絃(속현): 거문고와 비파의 끊어진 줄을 다시 잇는다는 뜻으로, 아내를 여읜 뒤에 다시 새 아내를 맞는 일을 비유적으로 이르는 말
- 絶絃(절현): 진정으로 자기를 알아주는 사람과 사별함을 이르는 말
- 絃樂器(현악기): 현을 켜거나 타서 소리를 내는 악기

마당을 나온 암탉

암탉이 山(산)으로 올라가 사부님을 찾았다.

사부님! 쿵푸를 가르쳐 주세요! 평범한 암탉으로 살다 치킨이 되긴 싫습니다.

좋다! 부지런히 연마하거라!

암탉은 운명을 바꾸기 위해 열심히 쿵푸를 연마했다.

참 대단한 암탉이로군~

어느 날, 사부가 심각한 얼굴로 암탉에게 말했다.

더 가르칠 것이 없구나. 하산하거라. 지금부터 넌 착한 암탉이 아니다! 넌…

뭔데요?

이 瘋子(풍자)의 제자, 瘋鷄(풍계, 미친 닭)야!

제가 미친 닭이라구요? 헉!

🖌 숨바꼭질 단어장

뫼 ⑭, 메 ⑭ **山** ⑧급

- 山賊(산적): 산속에 근거지를 두고 드나드는 도둑

  동음어 山積 물건이나 일이 산더미같이 쌓임

- 山海珍味(산해진미): 산과 바다에서 나는 온갖 진귀한 재료로 차린, 맛이 좋은 음식

- 人山人海(인산인해): 사람이 산을 이루고 바다를 이루었다는 뜻으로, 사람이 수없이 많이 모인 상태를 이르는 말

- 他山之石(타산지석): 다른 산의 나쁜 돌이라도 자신의 산의 옥돌을 가는 데에 쓸 수 있다는 뜻으로, 본이 되지 않은 남의 말이나 행동도 자신의 지식과 인격을 수양하는 데에 도움이 될 수 있음을 비유적으로 이르는 말

성형외과 의사가 된 풍자 1

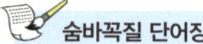 **숨바꼭질 단어장**

결단할 결 決 5급Ⅱ

- 決裂(결렬): 교섭이나 회의 따위에서 의견이 합쳐지지 않아 각각 갈라서게 됨
- 決心(결심): 할 일에 대하여 어떻게 하기로 마음을 굳게 정함. 또는 그런 마음
- 決定(결정): 행동이나 태도를 분명하게 정함
- 對決(대결): 양자(兩者)가 맞서서 우열이나 승패를 가림

짝 우, 허수아비 우 偶 3급Ⅱ

동의어 配(짝 배), 匹(짝 필)

- 偶發(우발): 우연히 일어남
- 偶然(우연): 아무런 인과 관계가 없이 뜻하지 않게 일어난 일
- 偶人(우인): 사람의 형체와 같이 만든 물건
- 偶像崇拜(우상숭배): 신 이외의 사람이나 물체를 신앙의 대상으로 숭배하는 일

거리 가 街 4급Ⅱ

동의어 巷(거리 항)

- 街道(가도): 큰 길거리. 막힘이 없이 탄탄한 진로를 비유적으로 이르는 말
- 街頭(가두): 도시의 길거리
- 商街(상가): 상점들이 죽 늘어서 있는 거리
- 街路燈(가로등): 거리의 조명이나 교통의 안전, 또는 미관(美觀) 따위를 위하여 길가를 따라 설치해 놓은 등

철학자 추추의 생각

개와 사람은
크게 다르지 않아.

먹고 마시고 싸고 하잖아~

그런데 개라는 존재로서의
원초적인 슬픔이 있지.

그건 바로… 우린 종종
사람이 싼 것을 먹는다는 점이야.
인생이 虛妄(허망)하구나!

숨바꼭질 단어장

빌 (허) 虛 [4급Ⅱ]

반의어 實(열매 실)

- 虛事(허사): 헛일. 보람을 얻지 못하고 쓸데없이 한 노력
- 虛榮(허영): 자기 분수에 넘치고 실속이 없이 겉모습뿐인 영화(榮華)
- 虛禮虛飾(허례허식): 형편에 맞지 않게 겉만 번드르르하게 꾸밈
- 虛張聲勢(허장성세): 실속은 없으면서 큰소리치거나 허세를 부림

망령될 (망) 妄 [3급Ⅱ]

- 妄發(망발): 망령이나 실수로 그릇된 말이나 행동을 함
- 妄言(망언): 이치나 사리에 맞지 않고 망령되게 말함
- 輕妄(경망): 행동이나 말이 가볍고 조심성이 없음
- 老妄(노망): 늙어서 망령이 듦

글자의 절규

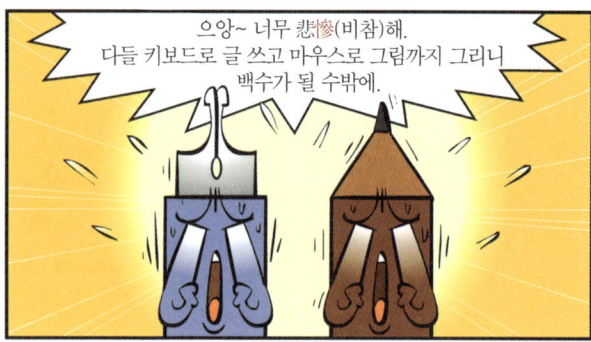

숨바꼭질 단어장

줄일 축, 오그라들 축 縮 4급

반의어 伸(펼 신), 擴(넓힐 확)

- 縮小(축소): 모양이나 규모 따위를 줄여서 작게 함
- 短縮(단축): 시간이나 거리 따위가 짧게 줄어듦
- 收縮(수축): 부피나 규모가 줄어듦
- 壓縮(압축): 물질 따위에 압력을 가하여 그 부피를 줄임

마를 고 枯 3급

동의어 燥(마를 조), 乾(마를 건)
반의어 榮(영화 영)

- 枯渴(고갈): 어떤 일의 바탕이 되는 돈이나 물자, 소재, 인력 따위가 다하여 없어짐
- 枯木(고목): 말라서 죽어 버린 나무
- 枯葉(고엽): 마른 잎
- 榮枯盛衰(영고성쇠): 인생이나 사물의 번성함과 쇠락함이 서로 바뀜

참혹할 참 慘 3급

동의어 憺(참담할 담)

- 慘事(참사): 비참하고 끔찍한 일
- 慘敗(참패): 싸움이나 경기 따위에서 참혹할 만큼 크게 패배하거나 실패함
- 慘禍(참화): 비참하고 끔찍한 재난이나 변고
- 悲慘(비참): 더없이 슬프고 끔찍함

춘절 파티

숨바꼭질 단어장

늦을 만 晚 3급Ⅱ

- 晚年(만년): 나이가 들어 늙어 가는 시기
- 晚秋(만추): 늦가을
- 早晚間(조만간): 앞으로 곧
- 晚時之歎(만시지탄): 시기에 늦어 기회를 놓쳤음을 안타까워하는 탄식

봄 춘 春 7급

- 思春期(사춘기): 육체적 · 정신적으로 성인이 되는 시기
- 陽春佳節(양춘가절): 따뜻하고 좋은 봄날
- 二八靑春(이팔청춘): 16세무렵의 꽃다운 청춘
- 立春大吉(입춘대길): 입춘을 맞이하여 길운을 기원하며 벽이나 문짝 따위에 써 붙이는 글귀

풍자 도사의 오지랖

중국어 동음이의어 한자 놀이 재밌지 않아? 구정(음력설)을 중국어로는 春節(춘절)[chūn jié, 춘제]라고 해. 이때 가장 큰 행사가 바로 중국 CCTV 야회(晚會)[wǎn huì, 완후이]지. 이 구정 야회를 중국어로 '春節晚會'라고 하는데, 줄이면 '春晚'이야. 요것이 봄 春(춘)자가 새겨진 그릇이라는 뜻의 '春碗[chūn wǎn, 춘완]과 발음이 같아.

성형외과 의사가 된 풍자 2

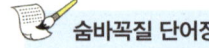

숨바꼭질 단어장

입술 순 **脣** 3급

– 脣舌(순설): 입술과 혀를 아울러 이르는 말
– 脣音(순음): 두 입술 사이에서 나는 소리
– 脣亡齒寒(순망치한): 입술이 없으면 이가 시리다는 뜻으로, 서로 이해관계가 밀접한 사이에 어느 한쪽이 망하면 다른 한쪽도 그 영향을 받아 온전하기 어려움을 이르는 말

풀 해 **解** 4급 Ⅱ

반의어 結(맺을 결)

– 解決(해결): 제기된 문제를 해명하거나 얽힌 일을 잘 처리함
– 解答(해답): 질문이나 의문을 풀이함
– 解放(해방): 구속이나 억압, 부담 따위에서 벗어나게 함
– 解消(해소): 어려운 일이나 문제가 되는 상태를 해결하여 없애 버림

재
믿
는

맛있는 한자,
크레이지 계풍자~

풍자네 만화 정육점

한
자
퀴
즈

사랑 고백 대처법 A형

✏️ **숨바꼭질 단어장**

묻을 (매) **埋** [3급]

- 埋沒(매몰): 보이지 않게 파묻히거나 파묻음
- 埋伏(매복): 상대편의 동태를 살피거나 불시에 공격하려고 일정한 곳에 몰래 숨어 있음
- 埋魂(매혼): 넋을 무덤 앞에 묻는 일

장사지낼 (장) **葬** [3급Ⅱ]

동의어 喪(잃을 상)

- 葬禮(장례): 장사를 지내는 일
- 葬地(장지): 장사하여 시체를 묻는 땅
- 安葬(안장): 편안하게 장사 지냄
- 葬送曲(장송곡): 장례 때 연주하는 곡을 통틀어 이르는 말

사랑 고백 대처법 B형

갑자기 사랑 고백을 받았을 때, B형의 반응

받아들일 때

고백을 하려면 꽃을 좀 많이 샀어야지!
남자친구 수칙 제 1조 알지? 무조건 로맨틱하라!
아무튼, 오늘(今日 금일) 기분 째진다~ 내가 쏠게~

거절할 때

헛소리 집어치우고 꺼져!
넌 한 방에 逐出(축출)이야!

펑~

표정맨 살려~

무정한 방망이!

B형은 정말 무서운 종족이야~

B형은 대체로 매우 솔직하고
직설적이며 털털하다.

 **숨바꼭질 단어장**

이제 (금) **今** [6급 II]

반의어 古(예 고), 昔(예 석)

- 今年(금년): 올해
- 方今(방금): 말하고 있는 시점(時點)보다 바로 조금 전
- 今昔之感(금석지감): 지금과 옛날의 차이가 너무 심하여 생기는 느낌
- 今時初聞(금시초문): 바로 지금 처음으로 들음

쫓을 (축) **逐** [3급]

동의어 追(쫓을 추), 驅(몰 구)

- 逐次(축차): 차례차례로
- 角逐戰(각축전): 서로 이기려고 다투어 덤비는 싸움
- 逐條審議(축조심의): 한 조목씩 차례로 모두 심사하고 토의함

사랑 고백 대처법 O형

숨바꼭질 단어장

지을 (작) **作** [6급 II]

동의어 著(지을 저), 造(지을 조)

- 作家(작가): 문학 작품, 사진, 그림, 조각 따위의 예술품을 창작하는 사람
- 作曲(작곡): 음악 작품을 창작하는 일
- 作文(작문): 글을 지음
- 作別(작별): 인사를 나누고 헤어짐. 또는 그 인사

업 (업), 일 (업) **業** [6급 II]

동의어 事(일 사)

- 業者(업자): 사업을 경영하는 사람
- 業體(업체): 사업이나 기업의 주체
- 課業(과업): 꼭 해야 할 일이나 임무
- 私企業(사기업): 민간인이 자금을 내어 운영하는 기업

사랑 고백 대처법 AB형

갑자기 사랑 고백을 받았을 때, AB형의 반응

받아들일 때

미안해서 어쩌죠? 전 꽃을 살 생각이 없는데요. 잔돈이 없어서요.

거절할 때

오늘은 꽃 파는 사람이 참 많네요. 혹시 아까 그 멋있는 男子(남자)분과 같은 꽃가게에서 샀나요? 그분 전화번호 좀 알려 주실래요? 제가 찍었거든요.

이상한 혈액형이잖아~ 논리성이 전혀 없어.

漸漸(점점 점) 미로에 빠지는(陷 빠질 함) 것 같아. 자기가 인정하는 세상에 서만 사니까, 그 머릿속을 알 수가 없지.

숨바꼭질 단어장

점점 (점) **漸** 3급Ⅱ

- 漸染(점염): 점차 번져서 물듦
- 漸增(점증): 점점 증가함
- 漸次(점차): 차례를 따라 진행됨
- 漸入佳境(점입가경): 시간이 지날수록 하는 짓이나 몰골이 더욱 꼴불견임을 비유적으로 이르는 말

빠질 (함) **陷** 3급Ⅱ

동의어 沒(빠질 몰)

- 陷落(함락): 적의 성, 요새, 진지 따위를 공격하여 무너뜨림
- 陷害(함해): 남을 재해에 빠지게 함
- 缺陷(결함): 부족하거나 완전하지 못하여 흠이 되는 부분
- 謀陷(모함): 나쁜 꾀로 남을 어려운 처지에 빠지게 함

물 이야기

물이 연애를 하더니 달콤한 雪糖(설탕)물로 변했다.

자기
너무 예뻐~

자기도 너무 멋져~

어느 날, 둘은 크게 싸웠다.
열 받은 물은 사이다(◎汽水 기수[qì shuǐ, 치수이])로 변했다.

넌 너무
애교가 없어!!

그러는 너도
자상하지 않거든~

헤어진 후 물은 만화책을 보면서 외로움을 달랬다.
이번엔 얘가 무엇으로 변했을까?!

그렇지~
천재들은 다 외로운 거야

실연 안 당해 본
사람은 몰라

정답 : 氷水(빙수)

덜덜~
너무 추워~

숨바꼭질 단어장

엿 (당), 사탕 (탕) 糖 [3급Ⅱ]

- 糖分(당분): 녹으면 단맛이 나는 탄수화물의 성분
- 雪糖(설탕): 맛이 달고 물에 잘 녹는 결정체
- 血糖(혈당): 혈액 속에 포함되어 있는 당
- 糖水肉(탕수육): 소고기나 돼지고기를 튀겨 만든 중화요리 중 하나

물끓는김 (기), 김 (기) 汽 [5급]

- 汽管(기관): 증기를 보내는 관
  - **동음어** 機關 사회생활의 영역에서 일정한 역할과 목적을 위하여 설치한 기구나 조직
- 汽船(기선): 증기 기관의 동력으로 움직이는 배를 통틀어 이르는 말
- 汽笛(기적): 기차나 배 따위에서 증기를 내뿜는 힘으로 경적 소리를 내는 장치. 또는 그 소리
- 汽車(기차): 여객차나 화차를 끌고 다니는 철도 차량

얼음 (빙) 氷 [5급]

- 氷點(빙점): 어는 점. 물이 얼기 시작할 때 또는 얼음이 녹기 시작할 때의 온도
- 氷板(빙판): 물이나 눈 따위가 얼어서 미끄럽게 된 바닥
- 解氷(해빙): 얼음이 녹아 풀림
- 氷上競技(빙상경기): 얼음판 위에서 하는 경기를 통틀어 이르는 말

그래, 결심했어!

 숨바꼭질 단어장

끊을 단 斷 4급II

동의어 絶(끊을 절)
반의어 繼(이을 계), 連(이을 련), 係(맬 계)

- 斷面(단면): 물체의 잘라낸 면
- 斷髮(단발): 머리털을 짧게 깎거나 자름
- 斷機之戒(단기지계): 학문을 중도에서 그만 두면 짜던 베의 날을 끊는 것처럼 아무 쓸모 없음을 경계한 말
- 優柔不斷(우유부단): 어물어물 망설이기만 하고 결단성이 없음

찰 랭 冷 5급

동의어 寒(찰 한), 凉(서늘할 량)
반의어 溫(따뜻할 온), 暑(더울 서)

- 冷房(냉방): 실내의 온도를 낮춰 차게 하는 일
- 冷戰(냉전): 직접적으로 무력을 사용하지 않고, 경제·외교·정보 따위를 수단으로 하는 국제적 대립
- 冷情(냉정): 태도가 정다운 맛이 없고 차가움
  동음어 冷靜 생각이나 행동이 감정에 좌우되지 않고 침착함
- 冷藏庫(냉장고): 식품이나 약품 따위를 차게 하거나 부패하지 않도록 저온에서 보관하기 위한 상자 모양의 장치

야근의 목적

 **숨바꼭질 단어장**

시내 계 溪 3급 II

동의어 川(내 천), 河(물 하)

- 溪谷(계곡): 물이 흐르는 골짜기
- 溪流(계류): 산골짜기에 흐르는 시냇물
- 碧溪水(벽계수): 물빛이 맑아 푸르게 보이는 시냇물
- 淸溪川(청계천): 서울의 종로구와 중구의 경계를 흐르는 하천

못 지 池 3급 II

동의어 沼(못 소), 潭(못 담), 澤(못 택)

- 乾電池(건전지): 전해액과 화학 물질을 종이나 솜에 흡수시키거나 반죽된 형태로 만들어 유동성 액체를 사용하지 않고 제조한 전지
- 貯水池(저수지): 물을 모아 두기 위하여 하천이나 골짜기를 막아 만든 큰 못
- 酒池肉林(주지육림): 술로 연못을 이루고 고기로 숲을 이룬다는 뜻으로, 호사스러운 술잔치를 이르는 말

발 족 足 7급 II

반의어 手(손 수)

- 滿足(만족): 마음에 흡족함
- 不足(부족): 필요한 양이나 기준에 미치지 못해 충분하지 않음
- 自給自足(자급자족): 필요한 물자를 스스로 생산하여 충당함
- 鳥足之血(조족지혈): 새발의 피라는 뜻으로, 매우 적은 분량을 비유적으로 이르는 말

손금의 생명선

숨바꼭질 단어장

탈 승 乘 3급 II

- 便乘(편승): 세태나 남의 세력을 이용하여 자신의 이익을 거둠을 비유적으로 이르는 말
- 乘務員(승무원): 운행 중인 차, 기차, 배, 비행기 따위의 안에서 운행과 관련된 직무와 승객에 관한 사무를 맡아서 하는 사람
- 加減乘除(가감승제): 덧셈, 뺄셈, 곱셈, 나눗셈을 아울러 이르는 말
- 萬乘天子(만승천자): 군주국가의 최고 통치자인 천자를 높여 부르는 말

이길 승 勝 6급

반의어 敗(질 패)

- 勝利(승리): 겨루어서 이김
- 勝負(승부): 이김과 짐
- 勝算(승산): 이길 수 있는 가능성
- 勝者(승자): 싸움이나 경기 따위에서 이긴 사람. 또는 그런 단체

몰 구 驅 3급

- 驅迫(구박): 못 견디게 괴롭힘
- 驅使(구사): 말이나 수사법, 기교, 수단 따위를 능숙하게 마음대로 부려 씀
- 驅逐(구축): 어떤 세력 따위를 몰아서 쫓아냄
- 先驅者(선구자): 어떤 일이나 사상에서 다른 사람보다 앞선 사람

좋은 선물

숨바꼭질 단어장

한국 ⓗ, 나라이름 ⓗ 韓 8급

- 來韓(내한): 외국인이 한국에 옴
- 訪韓(방한): 한국을 방문함
- 韓半島(한반도): 우리나라 국토 전역을 포괄하는 반도
- 大韓民國(대한민국): 아시아 대륙 동쪽에 있는 한반도와 그 부속 섬들로 이루어진 공화국

불 ⓗ 火 8급

반의어 水(물 수)

- 火力(화력): 불이 탈 때 나는 열의 힘
- 導火線(도화선): ① 폭약이 터지도록 불을 붙이는 심지 ② 사건이 일어나게 된 직접적인 원인
- 明若觀火(명약관화): 불을 보듯 분명하고 뻔함
- 電光石火(전광석화): 번갯불이나 부싯돌의 불이 번쩍거리는 것과 같이 매우 짧은 시간이나 매우 재빠른 움직임 따위를 비유적으로 이르는 말

굽을 ⓖ, 악곡 ⓖ 曲 5급

동의어 歌(노래 가), 屈(굽을 굴)
반의어 直(곧을 직)

- 曲解(곡해): 사실을 옳지 않게 해석함
- 曲線美(곡선미): 곡선에 나타나는 아름다움. 또는 곡선으로 표현되는 아름다움
- 九曲肝腸(구곡간장): 굽이굽이 서린 창자라는 뜻으로, 깊은 마음속 또는 시름이 쌓인 마음속을 비유적으로 이르는 말
- 不問曲直(불문곡직): 옳고 그름을 따지지 않음

귀부인의 사주

선생님, 요즘 기분이 영 찜찜해요. 占(점) 좀 봐 주세요~

관상을 보니 귀부인의 명을 타고났구먼. 평생 동안 奴婢(노비)를 두고 아주 편안하게 살 팔자야.

어허, 딱히 하는 일이 없네. 다른 사람한테 잘 보여야 잘살 수 있겠어. 한번 버림받으면 빈털터리 신세구먼.

딱 맞췄어요.

별 수 없어. 그래서 얹혀살지 말고 자립해야 하는 거요.

숨바꼭질 단어장

점령할 ⓟ, 점칠 ⓟ 占 [4급]

동의어 卜(점 복)

- 占居(점거): 어떤 장소를 차지하여 삶
- 占領(점령): 교전국의 군대가 적국의 영토에 들어가 그 지역을 군사적 지배 하에 둠
- 獨占(독점): 독차지. 혼자서 모두 차지함
- 占星術(점성술): 별의 빛이나 위치, 운행 따위를 보고 개인과 국가의 길흉을 점치는 점술

종 ⓝ 奴 [3급Ⅱ]

동의어 僕(종 복)
반의어 婢(계집종 비)

- 賣國奴(매국노): 사사로운 이익을 위하여 나라의 주권이나 이권을 남의 나라에 팔아먹는 행위를 하는 사람
- 守錢奴(수전노): 돈을 모을 줄만 알아 한번 손에 들어간 것은 도무지 쓰지 않는 사람을 낮잡아 이르는 말

계집종 ⓑ 婢 [3급Ⅱ]

- 婢子(비자): 조선 시대에, 별궁·본궐·종친 사이의 문안 편지를 전달하던 여자 종
- 婢妾*(비첩): 여자 종으로서 첩이 된 사람

철학자 추추의 한자소환

첩 ⓒ 妾 [3급]

- 妾室(첩실): 정식 아내 외에 데리고 사는 여자를 점잖게 이르는 말
- 愛妾(애첩): 사랑하는 첩
- 妻妾(처첩): 아내와 첩을 아울러 이르는 말

유니폼

펭귄 相逢(상봉)!

우린 평범한 펭귄이 아니야. 우린 QQ 채팅 사이트 아이콘 펭귄!

재촉(催 재촉할 최) 하지 마! 준비 중이거든!

......

이제부터 채팅 하시겠습니까?

숨바꼭질 단어장

만날 봉 逢 [3급 II]

동의어 遇(만날 우)

- 逢變(봉변): 뜻밖의 변이나 망신스러운 일을 당함
- 逢辱(봉욕): 욕된 일을 당함
- 逢着(봉착): 어떤 처지나 상태에 부닥침

재촉할 최 催 [3급 II]

동의어 促(재촉할 촉)

- 催眠(최면): 암시에 의하여 인위적으로 이끌어 낸, 잠에 가까운 상태
- 開催(개최): 모임이나 회의 따위를 주최하여 엶
- 主催(주최): 행사나 모임을 주장하고 기획하여 엶
- 催淚彈(최루탄): 눈물샘을 자극하여 눈물을 흘리게 하는 약이나 물질을 넣은 탄환

풍자 도사의 오지랖

사용자가 1억 명이 넘는다고 했던 중국 온라인 메신저 QQ 기억해? 아이콘이 펭귄인데, 남자 펭귄은 빨간 목도리를 두르고 여자 펭귄은 저렇게 머리핀을 하고 있어. 중국 친구를 만나면 QQ ID를 물어 봐. 금방 친해질 수 있을 거야!

동물병원

🖌 숨바꼭질 단어장

짐승 수 獸 [3급Ⅱ]

- 怪獸(괴수): 괴상하게 생긴 짐승
- 猛獸(맹수): 주로 육식을 하는 사나운 짐승
- 野獸(야수): 사람에게 길이 들지 않은 야생의 사나운 짐승. 몹시 거칠고 사나운 사람을 비유적으로 이르는 말
- 人面獸心(인면수심): 사람의 얼굴을 하고 있으나 마음은 짐승과 같다는 뜻으로, 마음이나 행동이 몹시 흉악함을 이르는 말

의원 의 醫 [6급]

- 醫術(의술): 병이나 상처를 고치는 기술
- 名醫(명의): 병을 잘 고쳐 이름난 의원이나 의사
- 醫藥品(의약품): 병을 치료하는 데 쓰는 약품
- 主治醫(주치의): 어떤 사람의 병을 맡아서 치료하는 의사

새 금 禽 [3급Ⅱ]

동의어 鳥(새 조)

- 禽獲(금획): 산 채로 붙잡음
- 家禽(가금): 집에서 기르는 날짐승
- 猛禽(맹금): 수릿과나 맷과의 새와 같이 성질이 사납고 육식을 하는 종을 통틀어 이르는 말

현대인과 고대인

숨바꼭질 단어장

예 고 古 [6급]

- 古物(고물): 헐거나 낡은 물건. 쓸데없어진 사람을 비유하여 이르는 말
- 古色蒼然(고색창연): 오래되어 예스러운 풍치나 모습이 그윽함
- 東西古今(동서고금): 동양과 서양, 옛날과 지금을 통틀어 이르는 말
- 萬古不變(만고불변): 아주 오랜 세월 동안 변하지 않음

대신할 대 代 [6급 II]

- 代理(대리): 남을 대신하여 일을 처리함
- 代身(대신): 어떤 대상의 자리나 구실을 바꾸어서 새로 맡음
- 代辯人(대변인): 어떤 사람이나 단체를 대신하여 의견이나 태도를 표하는 일을 맡은 사람
- 世代交替(세대교체): 신세대가 구세대와 교대하여 어떤 일의 주역이 됨

강해 보이는 스타일

숨바꼭질 단어장

바꿀 ⓔ 換 [3급Ⅱ]

동의어 替(바꿀 체)

- 換率(환율): 자기 나라 돈과 다른 나라 돈의 교환 비율
- 轉換(전환): 다른 방향이나 상태로 바뀌거나 바꿈
- 互換(호환): 서로 교환함
- 換節期(환절기): 계절이 바뀌는 시기

구할 ⓖ 求 [4급Ⅱ]

- 求職(구직): 직업을 찾음
- 求心點(구심점): ① 구심 운동의 중심점 ② 중심적 역할을 하는 사람·단체·사상 따위를 비유적으로 이르는 말
- 刻舟求劍(각주구검): 융통성 없이 현실에 맞지 않는 낡은 생각을 고집하는 어리석음을 이르는 말
- 緣木求魚(연목구어): 나무에 올라가서 물고기를 구한다는 뜻으로, 도저히 불가능한 일을 굳이 하려 함을 비유적으로 이르는 말

드디어 ⓢ 遂 [3급]

- 遂行(수행): 생각하거나 계획한 대로 일을 해냄
- 未遂(미수): 목적한 바를 시도하였으나 이루지 못함
- 完遂(완수): 뜻한 바를 완전히 이루거나 다 해냄

妥協(타협)

숨바꼭질 단어장

온당할 타 妥 3급

- 妥結(타결): 의견이 대립된 양편에서 서로 양보하여 일을 마무름
- 妥安(타안): 순조롭게 해결되어 평온함
- 妥協(타협): 어떤 일을 서로 양보하여 협의함
- 普遍妥當(보편타당): 특별하지 않고 사리에 맞아 타당함

화할 협 協 4급Ⅱ

동의어 和(화할 화)

- 協力(협력): 힘을 합하여 서로 도움
- 協商(협상): 어떤 목적에 부합되는 결정을 하기 위하여 여럿이 서로 의논함
- 協同組合(협동조합): 경제적으로 약소한 처지에 있는 소비자, 농·어민, 중소기업자 등이 각자의 생활이나 사업의 개선을 위하여 만든 협력 조직
- 不協和音(불협화음): ① 악기들의 음이 서로 어울리지 않음 ② 어떤 집단 내의 사람들 사이가 원만하지 않음을 비유적으로 이르는 말

준비 작업

🖌 숨바꼭질 단어장

넉 (사) 四 [8급]

- 四寸(사촌): 아버지의 친형제자매의 아들이나 딸과의 촌수
- 四顧無親(사고무친): 의지할 만한 사람이 아무도 없음
- 三寒四溫(삼한사온): 한국을 비롯하여 아시아의 동부, 북부에서 나타나는 겨울 기온의 변화 현상. 7일을 주기로 사흘 동안 춥고 나흘 동안 따뜻함
- 張三李四(장삼이사): 장씨(張氏)의 셋째 아들과 이씨(李氏)의 넷째 아들이라는 뜻으로, 이름이나 신분이 특별하지 않은 평범한 사람들을 이르는 말

자주 (빈) 頻 [3급]

동의어 繁(번성할 번), 屢(여러 루)

- 頻度(빈도): 같은 현상이나 일이 반복되는 횟수
- 頻發(빈발): 어떤 일이나 현상이 자주 일어남

주일 (주) 週 [5급Ⅱ]

- 週間(주간): 월요일부터 일요일까지의 한 주일 동안
- **동음어** 週刊 한 주일에 한 번씩 정해 놓고 책 따위를 발행하는 일
- 週末(주말): 한 주일의 끝 무렵. 주로 토요일과 일요일을 이름
- 週日(주일): 월요일부터 일요일까지의 이레 동안
- 今週(금주): 이번 주

밥하기

숨바꼭질 단어장

마디 (절) 節 5급Ⅱ

동의어 寸(마디 촌)

- 節氣(절기): 한 해를 스물넷으로 나눈 계절의 표준이 되는 것
- 節約(절약): 함부로 쓰지 않고 꼭 필요한 데에만 써서 아낌
- 禮儀凡節(예의범절): 일상생활에서 갖추어야 할 모든 예의와 절차
- 仲秋佳節(중추가절): 음력 팔월 보름의 좋은 날이라는 뜻으로 '한가위'를 달리 이르는 말

밟을 (천) 踐 3급Ⅱ

동의어 踏(밟을 답)

- 踐歷(천력): 편력. 이곳저곳을 널리 돌아다님
- 踐約(천약): 약속을 지켜 실천함
- 實踐(실천): 생각한 바를 실제로 행함

이국적인 스타일

숨바꼭질 단어장

다를 이 異 4급

동의어 他(다를 타)
반의어 同(같을 동), 若(같을 약), 如(같을 여),
肖(닮을 초)

– 異見(이견): 어떠한 의견에 대한 다른 의견
– 異變(이변): 예상치 못한 사태나 괴이한 변고
– 異狀(이상): 평소와는 다른 상태
– 同床異夢(동상이몽): 같은 자리에 자면서 다
른 꿈을 꾼다는 뜻으로, 겉으로는 같이 행동
하면서도 속으로는 각각 딴생각을 하고 있음
을 이르는 말

나라 국 國 8급

– 國軍(국군): 나라 안팎의 적으로부터 나라를
지키기기 위하여 조직한 군대
– 國籍(국적): 한 나라의 구성원이 되는 자격
– 殉*國(순국): 나라를 위하여 목숨을 바침

철학자 추추의 한자소환

따라죽을 순 殉 3급

– 殉敎(순교): 모든 압박과 박해를 물리치고 자
기가 믿는 신앙을 지키기 위하여 목숨을 바치
는 일. 넓은 뜻으로는 주의나 사상을 위하여 죽
는 경우에도 씀
– 殉葬(순장): 한 집단의 지배층 계급에 속하는
사람이 죽었을 때 그 사람의 뒤를 따라 강제
로 혹은 자진하여 산 사람을 함께 묻던 일. 또
는 그런 장례법
– 殉職(순직): 직무를 다하다가 목숨을 잃음

망언

🖌 숨바꼭질 단어장

서늘할 량 凉 3급Ⅱ

동의어 寒(찰 한), 冷(찰 랭)
반의어 溫(따뜻할 온), 暑(더울 서)

- 凉風(양풍): 서늘한 바람
- 納凉(납량): 여름철에 더위를 피하여 서늘한
  기운을 느낌
- 荒凉(황량): 거칠고 쓸쓸함

민망할 민 憫 3급

동의어 憐(불쌍히여길 련)

- 憐憫(연민): 불쌍하고 가련하게 여김

풍자 도사의 오지랖

중국어로 凉拌[liáng bàn, 량반]은 차가운 채소
에 조미료를 넣어서 버무리는 음식을 말해. 하지
만 아친에게 해 준 말을 한자를 따로 따로 해석하
면 다른 뜻이 되지. 서늘할 량(凉)에 쪼갤 반(拌)이
니까 냉정하게 갈라서라고 말한 거야.

손금의 지혜선

숨바꼭질 단어장

지혜 (지), 슬기 (지) 智 [4급]

- 智略(지략): 어떤 일이나 문제든지 명철하게 포착하고 분석·평가하며 해결 대책을 능숙하게 세우는 뛰어난 슬기와 계략
- 奇智(기지): 특별하고 뛰어난 지혜
- 衆智(중지): 여러 사람의 생각이나 의지
- 智德體(지덕체): 지혜와 덕, 체력을 기르는 교육을 아울러 이르는 말

슬기로울 (혜) 慧 [3급Ⅱ]

- 慧心(혜심): 총명하고 슬기로운 마음
- 慧眼(혜안): 사물을 꿰뚫어 보는 안목과 식견
- 慧悟(혜오): 슬기롭고 민첩함
  동의어 慧敏 (혜민)

줄 (선) 線 [6급Ⅱ]

- 路線(노선): 자동차 선로, 철도 선로 따위와 같이 일정한 두 지점을 정기적으로 오가는 교통선
- 伏線(복선): 만일의 경우에 대비하여 남모르게 미리 꾸며 놓은 일
- 脚線美(각선미): 주로 여자의 다리에서 느끼는 아름다움
- 幹線道路(간선도로): 원줄기가 되는 주요한 도로

예뻐지는 약

숨바꼭질 단어장

약 약 藥 [6급 II]

- 藥草(약초): 약으로 쓰는 풀
- 農藥(농약): 농작물에 해로운 벌레, 병균, 잡초 따위를 없애거나 농작물이 잘 자라게 하는 약품
- 名藥(명약): 효험이 좋아 소문난 약
- 藥石之言(약석지언): 약으로 병을 고치는 것처럼 남의 잘못된 행동을 훈계하여 그것을 고치는 데에 도움이 되는 말

물건 물 物 [7급 II]

동의어 件(물건 건)

- 物件(물건): 일정한 형체를 갖춘 모든 물질적 대상
- 物證(물증): 물적 증거. 범행에 사용된 흉기, 훔친 물건 따위를 증거로 하는 일
- 汚物(오물): 지저분하고 더러운 물건
- 無用之物(무용지물): 쓸모없는 물건이나 사람

화려한 스타일

숨바꼭질 단어장

맑을 (아), 바를 (아) 雅 3급Ⅱ

동의어 淡(맑을 담), 淸(맑을 청)
반의어 濁(흐릴 탁)

- 雅淡(아담): 고상하면서 담백함
- 雅量(아량): 너그럽고 속이 깊은 마음씨
- 端雅(단아): 단정하고 아담함
- 淸雅(청아): 속된 티가 없이 맑고 아름다움

고울 (려) 麗 4급Ⅱ

동의어 鮮(고울 선), 美(아름다울 미)

- 秀麗(수려): 빼어나게 아름다움
- 華麗(화려): ① 환하게 빛나며 곱고 아름다움
  ② 어떤 일이나 생활 따위가 보통 사람들이
  누리기 어려울 만큼 대단하거나 사치스러움
- 高句麗(고구려): 우리나라 고대의 삼국 가운
  데 동명왕 주몽이 기원전 37년에 세운 나라
- 美辭麗句(미사여구): 아름다운 말로 듣기 좋
  게 꾸민 글귀

팡팡 兄(형)의 하트 요리

여러분께 **供給**(공급)할
음식 요리 중~

짜잔~
사랑이 듬뿍 담긴 걸작!
맛있게 감상하시길!

숨바꼭질 단어장

형 (형), 맏이 (형) 兄 [8급]

동의어 允(맏 윤), 伯(맏 백)
반의어 弟(아우 제)

- 兄氏(형씨): 잘 알지 못하는 사이에서, 상대편을 조금 높여 이르는 이인칭 대명사
- 難兄難弟(난형난제): 누구를 형이라 하고 누구를 아우라 하기 어렵다는 뜻으로, 두 사물이 비슷하여 낫고 못함을 정하기 어려움을 이르는 말
- 異腹兄弟(이복형제): 아버지는 같고 어머니는 다른 형제
- 呼兄呼弟(호형호제): 서로 형이니 아우니 하고 부른다는 뜻으로, 매우 가까운 친구로 지냄을 이르는 말

이바지할 (공) 供 [3급Ⅱ]

- 供給(공급): 요구나 필요에 따라 물품 따위를 제공함
- 供物(공물): 신령이나 부처 앞에 바치는 물건
- 供養(공양): 웃어른을 모시어 음식 이바지를 함
- 提供(제공): 무엇을 내주거나 갖다 바침

상팔자 손님의 사주

숨바꼭질 단어장

한 일 一 [8급]

동의어 壹(한 일, 갖은한 일)

- 萬一(만일): 혹시 있을지도 모르는 뜻밖의 경우
- 一騎當千(일기당천): 한 사람의 기병이 천 사람을 당한다는 뜻으로, 싸우는 능력이 아주 뛰어남을 이르는 말
- 一葉片舟(일엽편주): 한 척의 조그마한 배
- 彼此一般(피차일반): 두 편이 서로 같음

두 이 二 [8급]

동의어 貳(두 이, 갖은두 이)

- 二中(이중): 두 겹. 또는 두 번 거듭되거나 겹침
- 二輪車(이륜차): 바퀴가 둘 달린 차를 통틀어 이르는 말
- 唯一無二(유일무이): 오직 하나뿐이고 둘도 없음
- 一石二鳥(일석이조): 돌 한 개를 던져 새 두 마리를 잡는다는 뜻으로, 동시에 두 가지 이득을 봄을 이르는 말

석 삼 三 [8급]

동의어 參(석 삼)

- 三流(삼류): 어떤 방면에서 가장 낮은 지위나 부류
- 三權分立(삼권분립): 국가의 권력을 입법, 사법, 행정의 삼권으로 분리하여 서로 견제하게 함으로써 권력의 남용을 막고, 국민의 권리와 자유를 보장하는 국가 조직의 원리

변신 슈퍼맨

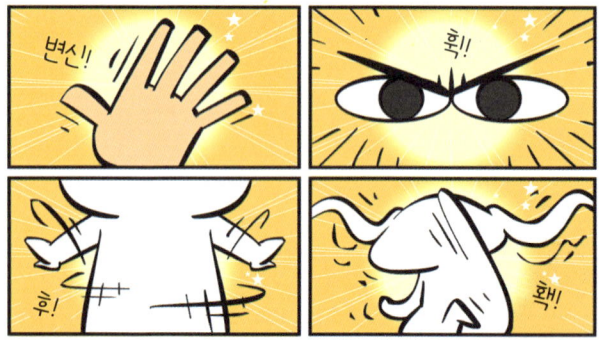

숨바꼭질 단어장

도둑 적 賊 〔4급〕

- 賊徒(적도): 도둑의 무리
- 逆賊(역적): 자기 나라나 민족, 통치자를 반역한 사람
- 義賊(의적): 탐관오리들의 재물을 훔쳐다가 가난한 사람을 도와주는 의로운 도적
- 海賊(해적): 배를 타고 다니면서, 다른 배나 해안 지방을 습격하여 재물을 빼앗는 강도

도둑 도 盜 〔4급〕

- 盜難(도난): 도둑맞음. 도둑을 맞는 재난
- 盜用(도용): 남의 물건이나 명의를 몰래 씀
- 盜聽(도청): 엿들음. 남의 이야기, 회의의 내용, 전화 통화 따위를 몰래 엿듣거나 녹음하는 일
- 怪盜(괴도): 괴상한 도둑

풍자 여동생(妹 누이 매) 풍매

숨바꼭질 단어장

누이 매 妹 4급

- 妹兄(매형): 손위 누이의 남편을 이르거나 부르는 말
- 男妹(남매): 오빠와 누이를 아울러 이르는 말
- 愚妹(우매): 자기의 여동생을 겸손하게 이르는 말

  동음어 愚昧 어리석고 사리에 어두움

- 姉妹(자매): 언니와 여동생 사이

아우 제 弟 8급

- 子弟(자제): 남을 높여 그의 아들을 이르는 말
- 妻弟(처제): 아내의 여자 동생을 이르거나 부르는 말
- 首弟子(수제자): 여러 제자 가운데 배움이 가장 뛰어난 제자
- 兄弟姉妹(형제자매): 남자 형제와 여자 형제를 아울러 이르는 말

쿨한 스타일

🖌️ 숨바꼭질 단어장

바를 (정) 正 [7급Ⅱ]

동의어 直(곧을 직)
반의어 反(돌이킬 반), 誤(그릇될 오)

- 正答(정답): 옳은 답
- 訂正(정정): 글자나 글 따위의 잘못을 고쳐서 바로잡음
- 正直(정직): 마음에 거짓이나 꾸밈이 없이 바르고 곧음
- 正確(정확): 바르고 확실함

마루 (종), 사당 (종) 宗 [4급Ⅱ]

동의어 廟*(사당 묘)

- 宗敎(종교): 신이나 초자연적인 절대자 등을 통하여 인간 생활의 고뇌를 해결하고 삶의 궁극적인 의미를 추구하는 문화 체계
- 改宗(개종): 믿던 종교를 바꾸어 다른 종교를 믿음
- 宗主國(종주국): 문화적 현상과 같은 어떤 대상이 처음 시작한 나라

철학자 추추의 한자소환

사당 (묘) 廟 [3급]

- 廟堂(묘당): 종묘와 명당을 아울러 이르는 말
- 宗廟(종묘): 조선 시대에, 역대 임금과 왕비의 위패를 모시던 왕실의 사당

풍자 도사의 오지랖

正宗(정종[zhèng zōng, 정쯍])은 '창시자의 정통을 이어받은 종파'라는 의미와 '정통의', '진정한'이란 의미가 있어.

천재의 행복

숨바꼭질 단어장

맛볼 (상) **嘗** 3급

- 嘗味(상미): 맛을 봄
- 嘗試(상시): 시험하여 봄
- 未嘗不(미상불): 아닌 게 아니라 과연

힘쓸 (려) **勵** 3급Ⅱ

동의어 勉(힘쓸 면), 努(힘쓸 노)

- 激勵(격려): 용기나 의욕이 솟아나도록 북돋
  워 줌
- 督勵(독려): 감독하며 격려함
- 獎勵(장려): 좋은 일에 힘쓰도록 북돋아 줌

방해하지 마! 1

숨바꼭질 단어장

공 구 , 둥글 구 球 6급Ⅱ

- 球場(구장): 야구나 축구 등의 운동을 하는 운동장
- 野球(야구): 9명으로 이루어진 두 팀이 9회씩 공격과 수비를 번갈아 하며 승패를 겨루는 구기 경기
- 電球(전구): 전류를 통하여 빛을 내는 기구
- 赤血球(적혈구): 혈액 속에 들어 있는 붉은색의 고형 성분. 적혈구 속에 함유되어 있는 헤모글로빈은 산소를 몸의 각 부분에 나르는 구실을 함

방해하지 마! 2

🖌 숨바꼭질 단어장

돌이킬 (반) 返 6급

동의어 歸(돌아갈 귀), 還(돌아올 환, 返還)

- 返納(반납): 도로 돌려줌
- 返送(반송): 환송. 도로 돌려보냄
- 返品(반품): 일단 사들인 물품을 되돌려 보냄

돌아올 (환) 還 3급Ⅱ

동의어 回(돌아올 회), 歸(돌아올 귀)

- 還拂(환불): 이미 지불한 돈을 되돌려 줌
- 生還(생환): 살아서 돌아옴
- 召還(소환): 국제법에서, 본국에서 외국에 파견한 외교 사절이나 영사를 불러들이는 일
- 錦衣還鄕(금의환향): 비단옷을 입고 고향에 돌아온다는 뜻으로, 출세를 하여 고향에 돌아가거나 돌아옴을 비유적으로 이르는 말

뛸 (약) 躍 3급

동의어 跳(뛸 도)

- 躍進(약진): 힘차게 앞으로 뛰어 나아감
- 飛躍(비약): 나는 듯이 높이 뛰어오름
- 一躍(일약): 단번에 높이 뛰어오름
- 活躍(활약): 기운차게 뛰어다님

귀여운 스타일

 **숨바꼭질 단어장**

옳을 가, 가히 가 可 5급

반의어 否(아닐 부)

- 可決(가결): 회의에서, 제출된 의안을 합당하다고 결정함
- 可觀(가관): 꼴이 볼만하다는 뜻으로, 남의 언행이나 어떤 상태를 비웃는 뜻으로 이르는 말
- 可居之地(가거지지): 머물러 살 만하거나 살기 좋은 곳
- 可否決定(가부결정): 옳고 그름을 정하는 일

사랑 애 愛 6급

동의어 慕(그릴 모), 戀(그릴 련), 慈(사랑 자)
반의어 憎(미울 증), 惡(미워할 오)

- 愛校(애교): 자기가 다니는 학교를 사랑함. 또는 그 학교
- 愛人(애인): 이성 간에 사랑하는 사람
- 愛着(애착): 몹시 사랑하거나 끌리어서 떨어지지 않음
- 愛之重之(애지중지): 매우 사랑하고 소중히 여기는 모양

손금의 사업선

숨바꼭질 단어장

클 태 太 6급

동의어 大(큰 대), 巨(클 거), 泰(클 태)
반의어 小(작을 소), 微(작을 미)

- 太半(태반): 반수 이상
- 太陽(태양): 태양계의 중심이 되는 항성
- 太極旗(태극기): 대한민국의 국기
- 太平聖代(태평성대): 어진 임금이 잘 다스려 근심이 없고 평안한 세상

볕 양 陽 6급

반의어 陰(그늘 음)

- 陽氣(양기): 햇볕의 따뜻한 기운
- 陽地(양지): 볕이 바로 드는 곳
- 夕陽(석양): 저녁때의 햇빛. 또는 저녁때의 저무는 해
- 陽春佳節(양춘가절): 따뜻하고 좋은 봄철

언덕 구 丘 3급Ⅱ

동의어 岸(언덕 안), 陵(언덕 릉)

- 丘墓(구묘): 무덤
- 丘山(구산): 언덕과 산을 아울러 이르는 말
- 首丘初心(수구초심): 여우가 죽을 때에 머리를 자기가 살던 굴 쪽으로 둔다는 뜻으로, 고향을 그리워하는 마음을 이르는 말
- 靑丘永言(청구영언): 조선 영조 4년(1728)에 김천택(金天澤)이 역대 시조를 수집하여 펴낸 최초의 시조집

나 예뻐?

아친~ 나 예뻐?

응, 예뻐(美 아름다울 미)~

내가 왜 예쁜데?

예쁜 척하니까!

······

자식~
꽤 유머러스한데~

미안, 이제 입 다물게!

🖌 **숨바꼭질 단어장**

아름다울 미 美 6급

- 美談(미담): 사람을 감동시킬 만큼 아름다운 내용을 가진 이야기
- 美容(미용): 얼굴이나 머리를 아름답게 매만짐
- 美食家(미식가): 음식에 대하여 특별한 기호를 가진 사람
- 美辭麗句(미사여구): 아름다운 말로 듣기 좋게 꾸민 글귀

눈꽃 이야기

숨바꼭질 단어장

눈 (설) 雪 6급Ⅱ

- 雪景(설경): 눈이 내리거나 눈이 쌓인 경치
- 雪辱(설욕): 부끄러움을 씻음
- 大雪(대설): 아주 많이 오는 눈
- 雪上加霜(설상가상): 눈 위에 서리가 덮인다는 뜻으로, 난처한 일이나 불행한 일이 잇따라 일어남을 이르는 말

꽃 (화) 花 7급

- 花草(화초): 꽃이 피는 풀과 나무 또는 꽃이 없더라도 관상용이 되는 모든 식물을 통틀어 이르는 말
- 國花(국화): 한 나라를 상징하는 꽃
  동음어 菊花 국화과의 여러해살이 풀
- 錦上添花(금상첨화): 비단 위에 꽃을 더한다는 뜻으로, 좋은 일 위에 또 좋은 일이 더하여짐을 비유적으로 이르는 말
- 路柳墻花(노류장화): 아무나 쉽게 꺾을 수 있는 길가의 버들과 담 밑의 꽃이라는 뜻으로, 창녀나 기생을 비유적으로 이르는 말

사부의 관심

숨바꼭질 단어장

적을 소, 젊을 소 少 7급

- 少女(소녀): 아직 완전히 성숙하지 않은 어린 여자아이
- 稀少(희소): 매우 드물고 적음
- 靑少年(청소년): 청년과 소년을 아울러 이르는 말
- 少數精銳(소수정예): 적은 수의 능력이 우수한 인재

두려워할 구 懼 3급

동의어 恐(두려울 공), 怖(두려울 포)

- 悚懼(송구): 두려워서 마음이 거북스러움
- 疑懼心(의구심): 믿지 못하고 두려워하는 마음

달팽이의 감격

아, 혹시…

福券(복권) 당첨됐나?
저렇게 빠른(快 빠를 쾌)
스포츠카를 사다니!

그러니까!
완전 총알이다!

📝 **숨바꼭질 단어장**

문서 (권) **券** 4급

동의어 冊(책 책)

– 發券(발권): 지폐 또는 돈이나 물품과 교환할
수 있는 종이로 된 증서를 발행함. 또는 그
런 일
– 旅券(여권): 외국을 여행하는 사람의 신분이
나 국적을 증명하고 상대국에 그 보호를 의
뢰하는 문서

동음어 女權 여자의 사회적·정치적·법률적인 권리

– 證券(증권): ① '유가 증권'을 일상적으로 이
르는 말 ② 증거가 되는 문서나 서류
– 入場券(입장권): 장내(場內)로 들어가는 것을
허락하는 표

쾌할 (쾌), 빠를 (쾌) **快** 4급Ⅱ

동의어 爽(상쾌할 상)

– 快感(쾌감): 상쾌하고 즐거운 느낌
– 快樂(쾌락): 유쾌하고 즐거움. 또는 그런 느낌
– 完快(완쾌): 병이 완전히 나음
– 不快指數(불쾌지수): 기온과 습도 따위의 기
상 요소를 자료로 삼아 무더위에 대하여 몸이
느끼는 쾌, 불쾌의 정도를 나타내는 지수

세 사람이 길을 가는 途中(도중)에 일어난 일이다.

갑자기 二貝(이패)가 소리쳤다.

잠깐

......

쿡!

쩝!

변별(辨別)의 달인, 이패 선생!

음~ 진짜 똥이야!

놀랍군!

휴! 맛을 봤으니 다행이지 안 그랬음 밟을 뻔했네!

얘가 바로 바보 중의 바보!

숨바꼭질 단어장

길 도 途 3급Ⅱ

동의어 道(길 도), 路(길 로)

- 別途(별도): 원래의 것에 덧붙여서 추가한 것
- 用途(용도): 쓰이는 길. 또는 쓰이는 곳
- 途中下車(도중하차): 시작한 일을 끝내지 않고 중간에서 그만둠을 비유적으로 이르는 말
- 前途洋洋(전도양양): 앞날이 희망차고 전망이 밝음

분별할 변 辨 3급

- 辨明(변명): 어떤 잘못이나 실수에 대하여 구실을 대며 그 까닭을 말함
- 辨償(변상): 남에게 끼친 손해를 물어 줌
- 辨理士(변리사): 특허, 실용신안, 의장 및 상표 따위에 관한 사무를 대리하거나 감정하는 일을 업으로 삼는 사람
- 辨證法(변증법): 문답에 의해 진리에 도달하는 방법

휴지 놀이

🖌 **숨바꼭질 단어장**

급할 급 急 6급Ⅱ

동의어 速(빠를 속)
반의어 緩(느릴 완)

- 急所(급소): 조금만 다쳐도 생명에 지장을 주는 몸의 중요한 부분
- 急襲(급습): 갑자기 공격함
- 急行(급행): 급히 감
- 危急(위급): 몹시 위태롭고 급함

거느릴 어 御 3급Ⅱ

동의어 統(거느릴 통), 率(거느릴 솔)

- 御命(어명): 임금의 명령을 이르던 말
- 御使(어사): 왕명으로 특별한 사명을 띠고 지방에 파견되던 임시 벼슬
- 制御(제어): ① 상대편을 억눌러서 제 마음대로 다룸 ② 감정, 충종, 생각 따위를 막거나 누름
- 御前會議(어전회의): 임금의 앞에서 중신들이 모여 국가 대사를 의논하던 회의

아니

 **숨바꼭질 단어장**

아닐 불, 아닐 부 不 7급Ⅱ

동의어 非(아닐 비)

- 不感症(불감증): 감각이 둔하거나 익숙해져서 별다른 느낌을 갖지 못하는 일
- 不撓不屈(불요불굴): 한번 먹은 마음이 흔들리거나 굽힘이 없음
- 默默不答(묵묵부답): 잠자코 아무 대답도 하지 않음
- 搖之不動(요지부동): 흔들어도 꼼짝하지 않음

앵무새의 아르바이트

숨바꼭질 단어장

뜻 **취** 趣 _{4급}

동의어 志(뜻 지), 意(뜻 의)

- 趣味(**취미**): 전문적으로 하는 것이 아니라 즐기기 위하여 하는 일
- 趣旨(**취지**): 어떤 일의 근본이 되는 목적이나 긴요한 뜻
- 趣向(**취향**): 하고 싶은 마음이 생기는 방향
- 興趣(**흥취**): 흥과 취미를 아울러 이르는 말

찾을 **심** 尋 _{3급}

동의어 探(찾을 탐), 訪(찾을 방)

- 尋訪(**심방**): 방문하여 찾아봄
- 尋思(**심사**): 마음을 가라앉혀 깊이 생각함
- 尋常(**심상**): 대수롭지 않고 예사로움
- 推尋(**추심**): 찾아내어 가지거나 받아 냄

기분

어미 모 **母** 8급

반의어 父(아비 부)

- 母國(모국): 자기가 태어난 나라
- 姑母(고모): 아버지의 누이
- 母性愛(모성애): 자식에 대한 어머니의 본능 적인 사랑
- 賢母良妻(현모양처): 어진 어머니이자 착한 아내

오빠는 진짜 바보?

정 오빠, 제가 바로 그 용아 인데요.

아, 아우? 원래 여자였어?

용아(蓉兒)

정아(靖兒)

난 진짜 바본가 봐. 그동안 널 못 알아보다니! 난 네가 남잔 줄 알았어.

히히, 난 네가 바보 같아서 더 좋은데~

하하, 내가 머리가 나쁘다고? 바보 같은 계집애~ 내가 몰랐을 줄 알아? 알고 너한테 접근했지. 난 연애 천재거든. 와하하하하~

정 오빠, 뭘 그렇게 바보처럼 웃어~

세상은 나처럼 險惡(험악)하다 요 계집애야~

숨바꼭질 단어장

험할 (험) 險 [4급]

동의어 危(위태할 위)

– 險難(험난): 험하여 고생스러움
– 險談(험담): 남의 흠을 들추어 헐뜯음
– 險狀(험상): 거칠고 험하게 생긴 모양이나 상태
– 危險千萬(위험천만): 위험하기 짝이 없음

악할 (악), 미워할 (오) 惡 [5급Ⅱ]

동의어 憎(미울 증)
반의어 善(착할 선)

– 惡談(악담): 남을 비방하거나, 잘되지 못하도록 저주하는 말
– 惡夢(악몽): 불길하고 무서운 꿈
– 憎惡(증오): 아주 사무치게 미워함
– 勸善懲惡(권선징악): 착한 일을 권장하고 악한 일을 징계함

풍자 도사의 오지랖

'靖兒(정아)'와 '蓉兒(용아)'는 홍콩의 무협소설가 김용(金庸) 선생님의 소설 《사조영웅전(射彫英雄傳)》에 나오는 주인공이야. 너무 예뻐서 피곤했던 용아는 남장(男裝)을 하고 다니다가 정아를 만나게 돼. 어수룩한 정아는 용아가 남자인 줄 알고 같이 다니면서 무림고수들에게 무공을 전수받지. 그리고 나중에는 말괄량이 용아와 사랑에 빠지게 돼.

바보의 선배

🖌 **숨바꼭질 단어장**

호수 ⓗ **湖** [5급]

–湖南(호남): 전라남도와 전라북도를 아울러 이르는 말

–湖水(호수): 땅이 우묵하게 들어가 물이 괴어 있는 곳. 못이나 늪보다 훨씬 넓고 깊음

간사할 ⓢ **邪** [3급Ⅱ]

동의어 姦*(간사할 간)

–邪心(사심): 바르지 않은 간사스러운 마음
　동음어 私心 사사로운 마음

–邪惡(사악): 간사하고 악함

–邪慾(사욕): 바르지 못한 잘못된 욕망

–酒邪(주사): 술 마신 뒤에 버릇으로 하는 못 된 언행
　동음어 注射 약액을 주사기에 넣어 생물체의 조직이나 혈관 속에 직접 주입하는 일

넓을 ⓗ **洪** [3급Ⅱ]

동의어 博(넓을 박), 廣(넓을 광), 浩(넓을 호)
반의어 狹(좁을 협)

–洪範(홍범): 모범이 되는 큰 규범

–洪福(홍복): 큰 행복

–洪水(홍수): 비가 많이 와서 강이나 개천에 갑자기 크게 불은 물

철학자 추추의 한자소환

간사할 ⓖ **姦** [3급]

–姦婦(간부): 간통한 여자

–近親相姦(근친상간): 촌수가 가까운 일가 사이의 남녀가 서로 성적 관계를 맺음

장인과 사위

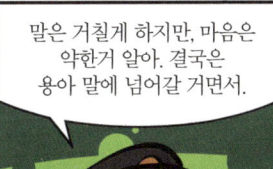

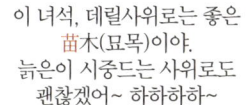

숨바꼭질 단어장

이길 극 克 [3급Ⅱ]

- 克己(극기): 자기의 감정이나 욕심, 충동 따위
  를 이성적 의지로 눌러 이김
- 克明(극명): 매우 분명함
- 克服(극복): 악조건이나 고생 따위를 이겨 냄
  동음어 克復 이기어 도로 회복함

모 묘 苗 [3급]

- 苗族(묘족): '먀오 족'을 우리 한자음으로 읽
  은 이름
- 苗板(묘판): 모판. 씨를 뿌려 모를 키우기 위
  하여 만들어 놓은 곳
- 種苗(종묘): 식물의 씨나 싹을 심어서 가꿈

풍자 도사의 오지랖

'上場(상장)'은 경제 용어야. 주식이나 어떤 물건
을 매매 대상으로 하기 위하여 해당 거래소에 일
정한 자격이나 조건을 갖춘 거래 물건으로서 등
록하는 일을 말하지.
하나 더! 데릴사위가 뭔지 알아? 데릴사위란 결
혼 후, 처가에서 데리고 사는 사위를 말해.

무협 진리 1

✏️ **숨바꼭질 단어장**

버들 양 **楊** 3급

동의어 柳(버들 류)

- 楊枝(양지): 나무로 만든 이쑤시개
  동음어 陽地 볕이 바로 드는 곳
- 楊貴妃(양귀비): ① 양귀비과의 한해살이풀. 잎은 어긋나고 긴 달걀 모양이며 전체적으로 회청색을 띰 ② 중국 당나라 현종(玄宗)의 비(妃)

패할 패 **敗** 5급

반의어 勝(이길 승)

- 敗北(패배): 겨루어서 짐
- 不敗(불패): 지지 않음. 또는 실패하지 않음
- 完敗(완패): 완전하게 패함
- 敗家亡身(패가망신): 집안의 재산을 다 써 없애고 몸을 망침

무협 진리 2

숨바꼭질 단어장

먼저 ㉠ 先 [8급]

동의어 前(앞 전)
반의어 後(뒤 후)

- 先輩(선배): 같은 분야나 학교에서 지위나 나이 따위가 자기보다 많거나 앞선 사람
- 先生(선생): ① 학생을 가르치는 사람 ② 한 분야에서 뛰어난 사람을 부르는 말
- 先史時代(선사시대): 문헌 사료가 전혀 존재하지 않는 시대. 석기 시대와 청동기 시대를 이름

갈 ㉯ 之 [3급Ⅱ]

동의어 往(갈 왕)
반의어 來(올 래)

- 之東之西(지동지서): 동쪽으로도 가고 서쪽으로도 간다는 뜻으로, 뚜렷한 목적 없이 이리저리 갈팡질팡함을 이르는 말
- 結者解之(결자해지): 맺은 사람이 풀어야 한다는 뜻으로, 자기가 저지른 일은 자기가 해결하여야 함을 이르는 말
- 窮餘之策(궁여지책): 궁한 나머지 생각다 못해 짜낸 계책

밝을 ㉰ 明 [6급Ⅱ]

동의어 朗(밝을 랑), 昭(밝을 소), 哲(밝을 철)
반의어 暗(어두울 암), 冥(어두울 명), 昏(어두울 혼)

- 明白(명백): 의심할 바 없이 아주 뚜렷함
- 發明(발명): 아직까지 없던 기술이나 물건을 새로 생각하여 만들어 냄
- 明鏡止水(명경지수): 맑은 거울과 고요한 물
- 公明正大(공명정대): 하는 일이나 태도가 사사로움이나 그릇됨이 없이 아주 정당하고 떳떳함

정아의 그림

숨바꼭질 단어장

갓 관 冠 3급Ⅱ

- 冠帶(관대): 관디의 원말. 옛날 벼슬아치들의 공복(公服)으로, 지금은 전통 혼례 때에 신랑이 입음
- 冠絶(관절): 가장 뛰어남
  > **동음어** 關節 뼈와 뼈가 서로 맞닿아 연결되어 있는 곳
- 弱冠(약관): 스무 살을 달리 이르는 말
- 冠婚喪祭(관혼상제): 관례, 혼례, 상례, 제례를 아울러 이르는 말

베풀 설, 세울 설 設 4급Ⅱ

동의어 建(세울 건)

- 設備(설비): 필요한 것을 베풀어서 갖춤
- 設置(설치): 베풀어서 둠
- 改設(개설): 새로 수리하거나 기구(機構)를 바꾸어 설치함
- 爲人設官(위인설관): 어떤 사람을 채용하기 위하여 일부러 벼슬자리를 마련함

셀 계 計 6급Ⅱ

동의어 算(셀 산), 數(셈 수)

- 生計(생계): 살림을 살아 나갈 방도. 또는 현재 살림을 살아가고 있는 형편
- 合計(합계): 한데 합하여 계산함
- 計算器(계산기): 여러 가지 계산을 빠르고 정확하게 하기 위하여 사용하는 기기(機器)
- 三十六計(삼십육계): 달아나는 것이 상책임을 나타내는 말

손금의 감정선

숨바꼭질 단어장

겹칠 복 複 [4급]

반의어 單(홑 단)

- 複線(복선): 소설이나 희곡 따위에서, 앞으로 일어날 사건에 대하여 미리 독자에게 넌지시 암시하는 서술
- 複式(복식): 서로 두 사람씩 짝을 지어서 하는 시합
- 複製(복제): 본디의 것과 똑같은 것을 만듦
- 複合(복합): 두 가지 이상을 하나로 합침

섞일 잡 雜 [4급]

동의어 混(섞을 혼)

- 雜談(잡담): 쓸데없이 지껄이는 말
- 雜誌(잡지): 일정한 이름을 가지고 호를 거듭하며 정기적으로 간행하는 출판물
- 雜草(잡초): 가꾸지 않아도 저절로 나서 자라나는 풀
- 酒色雜技(주색잡기): 술과 여자와 노름을 아울러 이르는 말

만화가 진화론

숨바꼭질 단어장

부지런할 근 勤 4급

동의어 勉(힘쓸 면)
반의어 慢(나태할 만), 怠(게으를 태)

- 勤儉(근검): 부지런하고 검소함
- 勤勞(근로): 부지런히 일함
- 皆勤(개근): 학교나 직장 따위에 일정한 기간 동안 하루도 빠짐없이 출석하거나 출근함
- 退勤(퇴근): 일터에서 근무를 마치고 돌아가 거나 돌아옴

힘쓸 무 務 4급Ⅱ

동의어 勞(일할 로)

- 任務(임무): 맡은 일
- 責務(책무): 직무에 따른 책임이나 임무
- 教務室(교무실): 교사가 교재를 준비하는 등 여러 가지 일을 맡아보는 곳
- 職務遺棄(직무유기): 맡은 일을 하지 않고 게 을리함

최대의 난관

선장 일기.
우주력 110년 5월 4일.
지금 난 우주선을 조종하며
망망한 우주를
항해하고 있다.

홀로 하는 항해는
아주 외로워. 또 항상
위험이 도사리고 있지.
하지만 난 용기와 지혜로
그 위험들을
하나씩 극복했다.

그러나 오늘, 내 인생
최대의 難關(난관)에 부딪혔어.
내 명예와 존엄을 위협하는
그 위기는…

지구에서 휴지를 안 가져왔어!
누가 좀 갖다 줘!!

우주 어디에선가 들리는
참담한 외침

숨바꼭질 단어장

어려울 난 難 [4급 II]

반의어 易(쉬울 이)

- 難局(난국): 일을 하기 어려운 상황이나 국면
- 難處(난처): 이럴 수도 없고 저럴 수도 없어 처신하기 곤란함
- 苦難(고난): 괴로움과 어려움을 아울러 이르는 말
- 難攻不落(난공불락): 공격하기가 어려워 쉽사리 함락되지 않음

관계할 관 關 [5급 II]

- 關門(관문): 어떤 일을 하기 위하여 반드시 거쳐야 하는 대목
- 關節(관절): 뼈와 뼈가 서로 맞닿아 연결되어 있는 곳
- 相關(상관): ① 서로 관련을 가짐 ② 남의 일에 간섭함
- 通關(통관): 관세법에 따른 절차를 이행하여 물품을 수출, 수입, 반송 하는 일

풍자의 얼굴

숨바꼭질 단어장

평평할 평 **平** 7급Ⅱ

동의어 均(고를 균)

- 平面(평면): 평평한 표면
- 平生(평생): 일생. 세상에 태어나서 죽을 때 까지의 동안
- 平穩(평온): 조용하고 평안함
- 太平天下(태평천하): 태평스럽고 편안한 세상

저울대 형 **衡** 3급Ⅱ

동의어 銓(저울질할 전), 稱(일컬을 칭, 저울 칭)

- 衡度(형도): 저울과 자를 아울러 이르는 말
- 衡平(형평): 균형이 맞음
- 平衡(평형): 사물이 한쪽으로 기울지 않고 안 정해 있음
- 度量衡(도량형): 길이, 부피, 무게 따위의 단 위를 재는 법

생화와 소똥

꽃 한 송이가 소똥에 꽂혀 있다.

휴, 한 미모 하는 내가 겨우 소똥에 꽂히다니…
게다가 이 소똥은 新鮮(신선)하지도 않아~

난 제일로 따끈따끈한 소똥이거든!
나보다 더 신선한 걸 원한다면 방법은
단 한 가지…

뭔데, 그게?

소 똥꼬에 꽂히는 수밖에~

헐~

숨바꼭질 단어장

새 (신) 新 6급Ⅱ

반의어 舊(예 구), 古(예 고), 故(예 고)

- 新規(신규): ① 새로운 규칙이나 규정 ② 새로이 하는 일
- 新奇(신기): 믿을 수 없을 정도로 색다르고 놀라움
- 新人(신인): 예술계나 체육계 따위와 같은 분야에 새로 등장한 사람
- 新任(신임): 새로이 임명되거나 새로 취임함. 또는 그런 사람
  동음어 信任 믿고 일을 맡김. 또는 그 믿음

고울 (선) 鮮 5급Ⅱ

동의어 麗(고울 려), 美(아름다울 미)

- 鮮明(선명): 산뜻하고 뚜렷하여 다른 것과 혼동되지 않음
- 鮮血(선혈): 생생한 피
- 生鮮(생선): 말리거나 절이지 않은, 물에서 잡아낸 그대로의 물고기
- 朝鮮(조선): 1392년 이성계가 고려를 무너뜨리고 세운 나라

창의적 사고

숨바꼭질 단어장

비롯할 창 創 4급Ⅱ

- 創立(창립): 기관이나 단체 따위를 새로 만들어 세움
- 創作(창작): 예술 작품을 독창적으로 지어 냄
- 創造(창조): 전에 없던 것을 처음으로 만듦
- 獨創的(독창적): 다른 것을 모방함이 없이 새로운 것을 처음으로 만들어 내거나 생각해 냄

방패 간, 마를 간 干 4급

동의어 盾(방패 순)
반의어 矛(창 모), 戈(창 과)

- 干滿(간만): 간조(干潮)와 만조(滿潮)를 아울러 이르는 말
- 干涉*(간섭): 직접 관계가 없는 남의 일에 부당하게 참견함
- 若干(약간): 얼마 되지 않음
- 如干(여간): 그 상태가 보통으로 보아 넘길 만한 것임을 나타내는 말

철학자 추추의 한자소환

건널 섭 涉 3급

- 涉歷(섭력): 물을 건너고 산을 넘는다는 뜻으로, 여러 경험을 많이 함을 이르는 말
- 交涉(교섭): 어떤 일을 이루기 위하여 서로 의논하고 절충함
- 幕後交涉(막후교섭): 겉으로 드러나지 않게 은밀히 하는 교섭

🖌 **숨바꼭질 단어장**

사양할 ⑱ 讓 3급II

동의어 謙(겸손할 겸)

- 讓渡(양도): 재산을 남에게 넘겨줌
- 分讓(분양): 전체를 여러 부분으로 갈라서 여럿에게 나누어 줌
- 移讓(이양): 남에게 넘겨줌
- 辭讓之心(사양지심): 겸손히 남에게 사양하는 마음을 이름

걸음 ⑲ 步 4급II

- 初步(초보): 학문이나 기술 따위를 익힐 때의 그 처음 단계나 수준
- 步武堂堂(보무당당): 걸음걸이가 씩씩하고 위엄이 있음
- 橫斷步道(횡단보도): 사람이 가로로 건너다닐 수 있도록 안전표지나 도로 표지를 설치하여 차도 위에 마련한 길
- 五十步百步(오십보백보): 조금 낫고 못한 정도의 차이는 있으나 본질적으로는 차이가 없음을 이르는 말

손금의 혼인선

이번에 소개할 손금은 혼인선. 어때? 솔깃하지?

요게
혼인선

혼인선 윗부분이 上昇(상승)하여 운명선에
닿은 사람은 좋은 사람을 만나게 돼.

인연!

혼인선 중앙에 금이 덧난 사람은 배우자와 헤어졌다 해도
나중에 화해하여 破鏡重圓(파경중원)할 거야.

다시
만남!

내 혼인선에 대해서는,
비밀이야.

숨바꼭질 단어장

오를 승 **昇** [3급Ⅱ]

동의어 騰(오를 등)
반의어 降(내릴 강)

- 昇級(승급): 급수나 등급이 오름
- 昇進(승진): 직위나 계급이 오름
- 昇降機(승강기): 동력을 사용하여 사람이나
  화물을 아래위로 나르는 장치
- 急上昇(급상승): 갑자기 올라감

깨뜨릴 파 **破** [4급Ⅱ]

동의어 裂(찢겨질 렬), 壞(무너질 괴)

- 破壞(파괴): 때려 부수거나 깨뜨려 헐어 버림
- 破損(파손): 깨어져 못 쓰게 됨
- 破廉恥(파렴치): 염치를 모르고 뻔뻔스러움
- 破鏡重圓(파경중원): 깨진 거울이 다시 둥글
  게 된다는 뜻으로, 살아서 이별한 부부가 다시
  만나는 것을 비유하여 이르는 말
- 破顔大笑(파안대소): 매우 즐거운 표정으로
  활짝 웃음

절대 안 돼!

숨바꼭질 단어장

때 시 時 [7급 II]

- 時間(시간): 어떤 시각에서 어떤 시각까지의 사이
- 時流(시류): 그 시대의 풍조나 경향
- 時限附(시한부): 어떤 일에 일정한 시간의 한계를 둠
- 時宜適切(시의적절): 그 당시의 사정이나 요구에 아주 알맞음

고기잡을 어 漁 [5급]

- 漁船(어선): 낚싯배
- 漁港(어항): 어선이 정박하고, 출어 준비와 어획물의 양륙을 하는 항구
- 漁獲(어획): 수산물을 잡거나 채취함
- 漁父之利(어부지리): 사람이 이해관계로 서로 싸우는 사이에 엉뚱한 사람이 애쓰지 않고 가로챈 이익을 이르는 말

풍자 도사의 오지랖

하루라도 컴퓨터 앞에 안 앉으면 불안하지? '인터넷'이란 외래어를 중국어로 因特網[yīn tè wǎng 인터왕], 網絡[wǎng luò, 왕뤄] 등으로 번역해. '인터넷을 하다', '인터넷에 접속한다'는 말은 중국어로 '그물처럼 생긴 인터넷에 오르다'라는 의미에서 上網[shàng wǎng, 상왕]이라고 해.

풍자의 썰렁한 사부

숨바꼭질 단어장

여름 (하) 夏 [7급]

- 夏服(하복): 여름철에 입는 옷
- 立夏(입하): 이십사절기의 하나로 여름이 시작되는 시기
- 夏節期(하절기): 여름의 기간
- 春夏秋冬(춘하추동): 봄·여름·가을·겨울의 네 계절

스승 (사) 師 [4급 II]

- 敎師(교사): 주로 초등학교·중학교·고등학교 따위에서, 일정한 자격을 가지고 학생을 가르치는 사람
- 醫師(의사): 의술과 약으로 병을 치료, 진찰하는 것을 직업으로 삼는 사람
- 看護師(간호사): 의사의 진료를 돕고 환자를 돌보는 사람
- 君師父一體(군사부일체): 임금과 스승과 아버지의 은혜가 같음

애완동물 고르기

숨바꼭질 단어장

검을 흑 **黑** 5급

동의어 漆*(옻 칠), 暗(어두울 암), 昏(어두울 혼)
반의어 白(흰 백)

- 黑幕(흑막): 겉으로 드러나지 않은 음흉한 내
막을 비유적으로 이르는 말
- 黑色(흑색): 검은색
- 黑心(흑심): 음흉하고 부정한 욕심이 많은 마음
- 黑子(흑자): 수입이 지출보다 많아 이익이 생
기는 일

띠 대 **帶** 4급 Ⅱ

- 帶同(대동): 함께 데리고 감
- 眼帶(안대): 눈병이 났을 때 아픈 눈을 가리는
거즈 따위의 천 조각
- 携帶(휴대): 손에 들거나 몸에 지니고 다님
- 連帶責任(연대책임): 두 사람 이상이 함께 지
는 책임

철학자 추추의 한자소환

옻 칠 漆 3급 Ⅱ

- 漆器(칠기): ① 옻칠을 한 나무 그릇 ② 옻칠과
같이 검은 잿물을 입혀 만든 도자기
- 漆夜(칠야): 아주 깜깜한 밤
- 漆板(칠판): 검정이나 초록색 따위의 칠을 하
여 그 위에 분필로 글씨를 쓰거나 그림을 그
리게 만든 판

냉각 마술

숨바꼭질 단어장

물리칠 (각) 却 [3급]

동의어 退(물러날 퇴)

- 却說(각설): 말이나 글 따위에서, 이제까지 다루던 내용을 그만두고 화제를 다른 쪽으로 돌림
- 冷却(냉각): 식어서 차게 됨. 또는 식혀서 차게 함
- 忘却(망각): 어떤 사실을 잊어버림
- 消却(소각): 불에 태워 없애 버림

겨우 (근) 僅 [3급]

- 僅僅(근근): 어렵사리 겨우
- 僅少(근소): 얼마 되지 않을 만큼 아주 적음
- 僅僅得生(근근득생): 겨우 겨우 살아감

청출어람

우리 네 사람 다 인재인데,
큰일 한 건 해야지?

사부님!

그러게요!

그럼 우리 西天(서천)에 가서 佛經(불경)
구해 오자. 西遊記(서유기) 못지않을걸~

아…

저게 무슨!

노망이야~

동음이의어
東天(동천)
冬天(동천)

오!

움찔~

사부님, 西天(서천)은 너무 더워요.
冬天(동천)으로 가요! 시원한 데로~

우리 풍자 대단한데?
넌 이제 나를 넘어섰다!

사부님, 過讚(과찬)
이십니다. 아직 멀었어요.

네가
자랑스럽다~

사랑하는
동생아~

형 진짜 능력 있어~

다들 미쳤군~

숨바꼭질 단어장

겨울 (동) 冬 [7급]

반의어 夏(여름 하)

- 冬眠(동면): 겨울이 되면 동물이 활동을 중단하고 땅속 따위에서 겨울을 보내는 일
- 越冬(월동): 겨울을 남
- 冬節期(동절기): 겨울철 기간
- 嚴冬雪寒(엄동설한): 눈 내리는 깊은 겨울의 심한 추위

기릴 (찬) 讚 [4급]

동의어 頌(기릴 송)

- 讚辭(찬사): 칭찬하거나 찬양하는 말이나 글
- 讚揚(찬양): 아름답고 훌륭한 일을 크게 기리고 드러냄
- 稱讚(칭찬): 좋은 점이나 착하고 훌륭한 일을 높이 평가함
- 自畫自讚(자화자찬): 자기가 그린 그림을 스스로 칭찬한다는 뜻으로, 자기가 한 일을 스스로 자랑함을 이르는 말

풍자 도사의 오지랖

자, 여기서 중국의 4대 명작인 《삼국연의》, 《수호전》, 《서유기》, 《홍루몽》을 기억하자. 우리가 좋아하는 손오공은 바로 《서유기》에 나오는 주인공이지. 《서유기》는 삼장법사가 손오공, 저팔계, 사오정 등 제자 3명과 함께 唐(당)나라 황제의 칙명을 받고 인도로 불전을 구하러 가는 이야기야. 가는 길에 요괴의 방해를 받기도 하지만 결국 목적지에 도착하지. 시간 나면 한번 읽어 봐. 정말 재미있어!

숨바꼭질 단어장

사이뜰 격 隔 3급 Ⅱ

동의어 間(사이 간)
반의어 接(이을 접)

- 隔離(격리): 다른 것과 통하지 못하게 사이를 막거나 떼어 놓음
- 隔差(격차): 빈부, 임금, 기술 수준 따위가 서로 벌어져 다른 정도
- 懸*隔(현격): 사이가 많이 벌어져 있음
- 隔世之感(격세지감): 오래지 않은 동안에 몰라보게 변하여 아주 다른 세상이 된 것 같은 느낌

남길 유 遺 4급

- 遺産(유산): 죽은 사람이 남겨 놓은 재산
- 遺書(유서): 죽음에 이르러 남긴 말을 적은 글
- 後遺症(후유증): 어떤 일을 치르고 난 뒤에 생긴 부작용
- 養虎遺患(양호유환): 범을 길러서 화근을 남긴다는 뜻으로, 화근이 될 것을 길러서 후환을 당하게 됨을 이르는 말

철학자 추추의 한자소환

달 현 懸 3급 Ⅱ

- 懸案(현안): 이전부터 의논하여 오면서도 아직 해결되지 않은 채 남아 있는 문제나 의안
- 懸板(현판): 글자나 그림을 새겨 문 위나 벽에 다는 널조각

우연한 만남

숨바꼭질 단어장

무릇 (범) 凡 [3급Ⅱ]

- 凡常(범상): 중요하게 여길 만하지 않고 예사로움
- 凡人(범인): 평범한 사람
  - **동음어** 犯人 범죄를 저지른 사람
- 非凡(비범): 보통 수준보다 훨씬 뛰어남
- 平凡(평범): 뛰어나거나 색다른 점이 없이 보통임

베풀 (시) 施 [4급Ⅱ]

동의어 設(베풀 설)

- 施術(시술): 의술이나 최면술 따위의 술법을 베풂
- 施策(시책): 어떤 정책을 실행함
- 施行(시행): 실제로 행함
- 實施(실시): 실제로 시행함

주인 (주), 임금 (주) 主 [7급]

- 主觀(주관): 자신만의 생각이나 관점
- 主婦(주부): 한 가정의 살림살이를 맡아 꾸려가는 안주인
- 主要(주요): 주되고 중요함
- 主張(주장): 자기의 의견이나 주의를 굳게 내세움

이상형

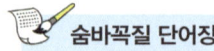

숨바꼭질 단어장

머리 두 頭 [6급]

동의어 首(머리 수)
반의어 尾(꼬리 미)

- 頭角(두각): 뛰어난 학식이나 재능을 비유적으로 이르는 말
- 序頭(서두): 일이나 말의 첫머리
- 龍頭蛇尾(용두사미): 용의 머리와 뱀의 꼬리라는 뜻으로, 처음은 왕성하나 끝이 부진한 현상을 이르는 말
- 徹頭徹尾(철두철미): 처음부터 끝까지 철저하게

터럭 발 髮 [4급]

동의어 毛(터럭 모)

- 假髮(가발): 머리털이나 이와 유사한 것으로 머리 모양을 만들어 쓰는 것
- 短髮(단발): 짧은 머리털
- 削髮(삭발): 머리털을 깎음. 또는 그 머리
- 理髮所(이발소): 일정한 시설을 갖추고 주로 남자의 머리털을 깎아 다듬어 주는 곳

폭소

爆笑(폭소)할 만한 얘기라더니, 정말이었네~

시원하다

숨바꼭질 단어장

불터질 폭 爆 [4급]

- 爆發(폭발): 불이 일어나며 갑자기스럽게 터짐
  동음어 暴發 ① 속에 쌓여 있던 감정 따위가 일시에 세찬 기세로 나옴 ② 힘이나 열기 따위가 갑작스럽게 퍼지거나 일어남
- 爆竹(폭죽): 가는 대통이나 종이로 만든 통에 불을 지르거나 화약을 재어 터뜨려서 소리가 나게 하는 물건
- 爆彈(폭탄): 인명 살상이나 구조물 파괴를 위하여 금속 용기에 폭약을 채워서 던지거나 쏘거나 떨어뜨려서 터뜨리는 폭발물
- 自爆(자폭): 자기가 지닌 폭발물을 스스로 터뜨림

웃음 소 笑 [4급Ⅱ]

반의어 哭(울 곡), 泣(울 읍)

- 談笑(담소): 웃고 즐기면서 이야기함
- 失笑(실소): 어처구니가 없어 저도 모르게 웃음이 툭 터져 나옴
- 爆笑(폭소): 웃음이 갑자기 세차게 터져 나옴
- 拍掌大笑(박장대소): 손뼉을 치며 크게 웃음

승리의 원인

 **숨바꼭질 단어장**

넉넉할 **우**, 뛰어날 **우** **優** 〔4급〕

동의어 秀(우수할 수), 裕(넉넉할 유)
반의어 劣(못날 렬), 拙(못날 졸)

- 優待(우대): 특별히 잘 대우함
- 優先(우선): 딴 것에 앞서 특별하게 대우함
- 優勢(우세): 상대편보다 힘이나 세력이 강함
- 優位(우위): 남보다 나은 위치나 수준

지킬 **보** **保** 〔4급Ⅱ〕

- 保障(보장): 어떤 일이 어려움 없이 이루어지
  도록 조건을 마련하여 보증하거나 보호함
- 保存(보존): 잘 보호하고 간수하여 남김
- 保證(보증): 어떤 사물이나 사람에 대하여 책
  임지고 틀림이 없음을 증명함
- 保險(보험): 손해를 물어 준다거나 일이 확실
  하게 이루어진다는 보증

友情(우정) 비유

숨바꼭질 단어장

긴 장, 어른 장 長 8급

동의어 永(길 영)
반의어 短(짧을 단), 幼(어릴 유)

- 長成(장성): 자라서 어른이 됨
- 校長(교장): 초·중·고등학교의 으뜸 직위
- 長距離(장거리): 시간이 꽤 걸리는 먼 거리
- 長幼有序(장유유서): 오륜(五倫)의 하나. 어른과 어린이 사이의 도리는 엄격한 차례가 있고 복종해야 할 질서가 있음을 이름

오랠 구 久 3급Ⅱ

- 悠久(유구): 아득하게 오래됨
- 持久力(지구력): 오랫동안 버티며 견디는 힘
- 永久不變(영구불변): 오래도록 변하지 않음
- 天長地久(천장지구): 하늘과 땅처럼 영원히 변함이 없음을 이르는 말

행위 예술

숨바꼭질 단어장

합할 합 合 6급

반의어 分(나눌 분)

- 合格(합격): 시험, 검사, 심사 따위에서 일정한 조건을 갖추어 어떠한 자격이나 지위 따위를 얻음
- 合算(합산): 합하여 계산함
- 合席(합석): 한자리에 같이 앉음
- 烏合之卒(오합지졸): 까마귀가 모인 것처럼 질서가 없이 모인 병졸이라는 뜻으로, 임시로 모여들어서 규율이 없고 무질서한 병졸 또는 군중을 이르는 말

가르침

기쁠 **환** **歡** [4급]

동의어 喜(기쁠 희)
반의어 哀(슬플 애), 怒(성낼 노)

- 歡聲(환성): 기쁘고 반가워서 지르는 소리
- 歡心(환심): 기뻐하고 즐거워하는 마음
- 歡喜(환희): 매우 기뻐함
- 歡呼聲(환호성): 기뻐서 크게 부르짖는 소리

맞을 **영** **迎** [4급]

반의어 送(보낼 송), 輸(보낼 수)

- 迎入(영입): 환영하여 받아들임
- 迎接(영접): 손님을 맞아서 대접하는 일
- 迎合(영합): ① 사사로운 이익을 위하여 아첨하며 좇음 ② 서로 뜻이 맞음
- 送舊迎新(송구영신): 묵은해를 보내고 새해를 맞음

철학자 추추의 結論(결론)

숨바꼭질 단어장

맺을 **결** **結** 5급Ⅱ

동의어 契(맺을 계)

- 結果(**결과**): 어떤 원인으로 결말이 생김
- 結局(**결국**): 일이 마무리되는 마당이나 일의 결과가 그렇게 돌아감
- 結實(**결실**): 일의 결과가 잘 맺어짐
- 妥結(**타결**): 의견이 대립된 양편에서 서로 양보하여 일을 마무름

볼 **간** **看** 4급

- 看過(**간과**): 큰 관심없이 그냥 보아 넘김
- 看病(**간병**): 병구완. 앓는 사람이나 다친 사람의 곁에서 돌보고 시중을 듦
- 看守(**간수**): 보살피고 지킴
- 看破(**간파**): 속내를 꿰뚫어 알아차림

스트레스 풀기 1

스트레스 푸는 방법을 가르쳐 줄게.

뿔 **각** 角 6급Ⅱ

- 角逐(**각축**): 서로 이기려고 다투며 덤벼듦
- 直角(**직각**): 두 직선이 만나서 이루는 90도의 각
- 角度器(**각도기**): 각도를 재는 도구
- 角者無齒(**각자무치**): 뿔이 있는 짐승은 이가 없다는 뜻으로, 한 사람이 여러 가지 재주나 복을 다 가질 수 없다는 말

모양 **형**, 형상 **형** 形 6급Ⅱ

동의어 像(모양 상), 樣(모양 양), 態(모양 태)

- 形色(**형색**): 형상과 빛깔을 아울러 이르는 말
- 形成(**형성**): 어떤 형식을 이룸
- 形式(**형식**): 사물이 외부로 나타나 보이는 모양
- 外形(**외형**): 사물의 겉모양

Step 1, 正四**角形**(정사각형) 종이를 십자 모양으로 접었다 편 후, 접힌 자국이 안쪽으로 모이도록 접는다.

Step 2, 평평하게 놓고 꼭 누른다.

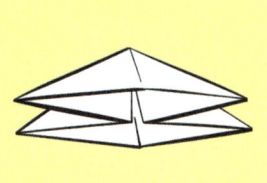

Step 3, 윗부분을 접어 두 각을 맞춘다.

Step 4, 좌우 두 각을 안으로 접어 맞춘 후 눌러 준다.

Step 5, 위의 두 각을 밑의 열린 부분에 넣는다.

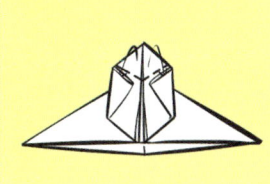

Step 6, 뒤집는다.

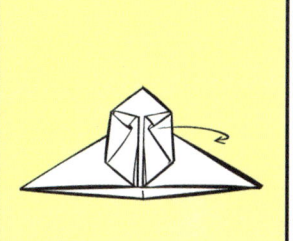

스트레스 풀기 2

Step 7, 점선을 따라 양쪽을 접는다.

Step 8, 아래 두 각을 좌우 양쪽으로 뒤집어 접는다.

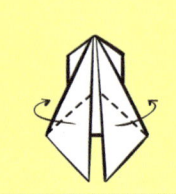

Step 9, 점선을 따라 對稱(대칭)이 되도록 위로 접는다.

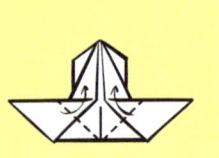

Step 10, 잘 눌러 준 후 바람구멍을 정리한다.

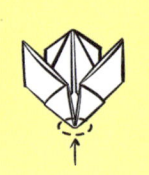

Step 11, 토끼의 입에 공기를 불어넣는다(吹 불 취).

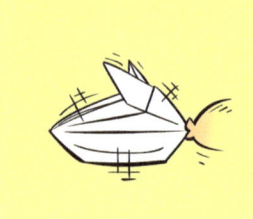

Step 12, 빨간 눈을 그려 주면 완성!

토끼를 내리쳐 망가뜨리면 스트레스가 풀릴 거야.

왜 나한테 화풀이야~

✏️ **숨바꼭질 단어장**

일컬을 ㉲ **稱** [4급]

- 稱號(칭호): 어떠한 뜻으로 일컫는 이름
- 對稱(대칭): 어떤 축을 중심으로 회전시켰을 때 포개지는 성질
- 名稱(명칭): 사람이나 사물 따위를 부르는 이름
- 詐稱(사칭): 이름, 직업, 나이, 주소 따위를 거짓으로 속여 이름

불 ㉴ **吹** [3급Ⅱ]

- 吹入(취입): 레코드나 녹음기의 녹음판에 소리를 넣음
- 鼓吹(고취): 의견이나 사상 따위를 열렬히 주장하여 불어넣음

마술 수업 1

숨바꼭질 단어장

준할 준, 평평할 준 準 4급Ⅱ

동의어 平(평평할 평)

- 基準(기준): 기본이 되는 표준
- 水準(수준): 사물의 가치나 질 따위의 기준이 되는 일정한 표준이나 정도
- 標準(표준): 사물의 정도나 성격 따위를 알기 위한 근거
- 標準語(표준어): 한 나라에서 공용어로 쓰는 규범으로서의 언어

갖출 비 備 4급Ⅱ

동의어 具(갖출 구), 該(갖출 해)

- 備品(비품): 늘 일정하게 갖추어 두고 쓰는 물품
- 具備(구비): 있어야 할 것을 빠짐없이 다 갖춤
- 裝備(장비): 갖추어 차림. 또는 그 장치와 설비
- 整備(정비): 흐트러진 체계를 정리하여 제대로 갖춤

마술 수업 2

마술 수업 시작! 10원짜리 동전 하나 준비하고 보고 있는 친구의 오른쪽(右 오른 우)에 앉으세요. 왼손잡이들은 왼쪽(左 왼 좌)에 앉으시고요.

오!

자, 저의 손을 주목하세요. 두 번째 내리칠 때

손이 뺨을 지나면서 자연스럽게 동전을 뺨에 붙입니다.

손이 책상을 칠 때면 銅錢(동전)은 이미 없어졌습니다.

동전은 뺨에 붙어 있겠죠.

밥 먹은 후나, 얼굴에 땀이 났을 때 하는 것이 최고예요! 동전에 반찬 국물을 살짝 바르면 성공률 100%!

주의: 색깔 있는 국물은 절대 금물

짜장면 국물

천재는 천재야!

숨바꼭질 단어장

오를 ⓤ, 오른 ⓤ 右 7급Ⅱ

반의어 左(왼 좌)

- 右傾(우경): 우익적인 사상으로 기울어짐
- 右翼的(우익적): 보수적이거나 국수적인 성격을 띰
- 右往左往(우왕좌왕): 이리저리 왔다 갔다 하며 일이나 나아가는 방향을 종잡지 못함
- 左之右之(좌지우지): 이리저리 제 마음대로 휘두르거나 다룸

구리 ⓓ 銅 4급Ⅱ

- 銅鏡(동경): 구리로 만든 거울
- 銅錢(동전): 구리·은·니켈 또는 이들의 합금 따위로 만든, 동그랗게 생긴 모든 돈을 통틀어 이르는 말
- 古銅色(고동색): 어두운 갈색
- 靑銅器時代(청동기시대): 무기, 생산 도구와 같은 주요 기구를 청동으로 만들어 사용하던 시대

실연남

여자 친구 해교와 싸운 아친. 잠을 설치고
부스스한 몰골로 밥상에 앉는다.

아친, 이따가 뭐 할 거야?

✏️ **숨바꼭질 단어장**

떳떳할 ⓢ, 항상 ⓢ **常** ⁴급Ⅱ

동의어 凡(무릇 범), 恒(항상 상)

- 常識(**상식**): 사람들이 보통 알고 있거나 알아
  야 하는 지식
- 非常(**비상**): ① 뜻밖의 긴급한 사태 ② 예사
  롭지 않음
- 無常出入(**무상출입**): 아무 때나 거리낌없이
  드나듦
- 兵家常事(**병가상사**): 실패하는 일은 흔히 있
  으므로 낙심할 것이 없다는 말

귀찮게 굴지 마, 나 똥 다
먹고 가서 밥 쌀 거야.

해석 : 밥 다 먹고
가서 똥 쌀 거야.

뭐?

앗, 잘못 말했어!
나 좀 이따가 밥 다 싸고 가서
똥 먹을 거야!

이것도 아닌 거
같은데~

상관하지 마.
나 죽고 싶단 말야.

그래, 천천히 '싸'~ 나도
머리 '싸고' 똥 '감을' 테니까.

연애 중인 남자는
正常(정상)이 아니야~

잘 부탁드립니다

숨바꼭질 단어장

번개 전 電 _{7급Ⅱ}

- 電送(전송): 글이나 사진 따위를 전류나 전파를 이용하여 먼 곳에 보냄
- 電波(전파): 도체(導體) 중의 전류가 진동함으로써 나오는 전자기파
- 感電(감전): 전기가 통하고 있는 도체(導體)에 신체의 일부가 닿아서 순간적으로 충격을 받는 것

너 여 汝 _{3급}

반의어 余(나 여), 我(나 아)

- 汝等(여등): '너희'를 문어적으로 이르는 말
  동의어 汝輩(여배)

사장의 복지

숨바꼭질 단어장

조상할 조 弔 3급

동의어 喪(잃을 상)
반의어 慶(경사 경)

- 弔問(조문): 남의 죽음에 대하여 슬퍼하는 뜻을 드러내어 상주(喪主)를 위문함. 또는 그 위문
- 謹弔(근조): 사람의 죽음에 대하여 삼가 슬픈 마음을 나타냄
- 弔慰金(조위금): 죽은 사람을 조문(弔問)하고 유가족을 위문하는 뜻을 나타내기 위하여 내는 돈
- 慶弔事(경조사): 경사스러운 일과 불행한 일

풍자 도사의 오지랖

'회사에서 잘리다'라는 말을 중국에서는 '炒鱿鱼[chǎo yóu yú, 차오여우위 – 오징어를 볶다]'로 표현해. 해고됐다는 말을 왜 '오징어를 볶는다'라고 했을까? 옛날에 일자리를 찾아 헤매던 사람들이 이부자리까지 둘둘 말아서 들고 다녔나 봐. 주인한테 잘리면 주인이 입버릇처럼 하는 말이 "卷铺盖[juǎn pū gai, 쥐안푸가이 – 이부자리 말아!]" 즉 "당장 네 짐 싸서 내 눈앞에서 꺼져!"라는 말이 되겠지? 오징어가 오그라드는 모습이 말아 놓은 이불과 요를 닮았다고 비유하여 쓰이기 시작했어.

남자친구 경매

🖌 숨바꼭질 단어장

다툴 (경) **競** [5급]

동의어 爭(다툴 쟁), 鬪(싸움 투), 戰(싸울 전)
반의어 和(화할 화)

- 競技(**경기**): 일정한 규칙 아래 기량과 기술을 겨룸
- 競演(**경연**): 개인이나 단체가 모여 예술, 기능 따위의 실력을 겨룸
- 競走(**경주**): 사람, 동물, 차량 따위가 일정한 거리를 달려 빠르기를 겨루는 일
  - **동음어** 輕舟 가볍고 빠른 작은 배
- 競合(**경합**): 서로 맞서 겨룸

팔 (판) **販** [3급]

동의어 賣(팔 매)
반의어 買(살 매), 購(살 구)

- 販路(**판로**): 상품이 팔리는 방면이나 길
- 販促(**판촉**): 여러 가지 방법을 써서 수요를 불러일으키고 자극하여 판매가 늘도록 유도하는 일
- 外販(**외판**): 판매원이 직접 고객을 찾아다니면서 물건을 팖
- 自販機(**자판기**): 자동판매기. 사람의 손을 빌리지 않고 상품을 자동적으로 파는 장치

✒️ **숨바꼭질 단어장**

분초 ㉠ **秒** 3급

- 秒速(초속): 1초를 단위로 하여 잰 속도
- 秒針(초침): 시계에서 초를 가리키는 바늘
- 分秒(분초): 매우 짧은 시간을 비유적으로 이르는 말
- 閏*秒(윤초): 세계시(世界時)와 실제 시각과의 오차를 조정하기 위하여 더하거나 빼는 시간

바늘 ㉠ **針** 4급

- 毒針(독침): 독을 묻힌 바늘이나 침
- 方針(방침): 앞으로 일을 처리 나갈 방향과 계획
- 蜂針(봉침): 침 모양으로 된, 벌의 산란관
- 針葉樹(침엽수): 잎이 바늘처럼 가늘고 길며 끝이 뾰족한 겉씨식물

철학자 추추의 한자소환

윤달 ㉠ **閏** 3급

- 閏年(윤년): 윤달이나 윤일이 든 해
- 閏月(윤월): 윤달. 달력의 계절과 실제 계절과의 차이를 조절하기 위하여, 1년 중의 달수가 어느 해보다 많은 달을 이름

이상형

숨바꼭질 단어장

열매 (실), 사실 (실) 實 [5급 II]

동의어 果(실과 과)
반의어 虛(빌 허)

- 實力(실력): 실제로 갖추고 있는 힘이나 능력
- 實踐(실천): 생각한 바를 실제로 행함
- 既定事實(기정사실): 이미 결정되어 있는 사실
- 有名無實(유명무실): 이름만 그럴듯하고 실속은 없음

꿈 (몽) 夢 [3급 II]

- 夢想(몽상): 현실성 없는 헛된 생각
- 解夢(해몽): 꿈에 나타난 일을 풀어서 좋고 나쁨을 판단함
- 夢遊病(몽유병): 잠을 자다가 무엇에 이끌린 듯 일어나 멀쩡하게 행동을 하며 돌아다니기도 하다가 다시 잠이 든 뒤, 다음 날 아침 깨어나서는 그런 일을 전혀 기억하지 못하는 정신병
- 非夢似夢(비몽사몽): 완전히 잠이 들지도 잠에서 깨어나지도 않은 어렴풋한 상태

생일 축하해

와, 알고 있었구나!

팡팡, 생일 축하해!

네가 좋아하는 模樣(모양)으로 만든 생크림 케이크야.

대박! 넌 정말 좋은 친구야. 열어 봐도 되지?

맛있겠지!

자꾸 놀릴 거야~? 흑흑

팡팡 생일 축하

🖌 숨바꼭질 단어장

본뜰 ⓜ, 모양 ⓜ **模** 4급

동의어 倣(본뜰 방), 範(법 범)

- 模型(모형): 실물을 모방하여 만든 물건
- 規模(규모): 사물이나 현상의 크기나 범위
- 模造品(모조품): 다른 물건을 본떠서 만든 물건
- 聲帶模寫(성대모사): 자신의 목소리로 다른 사람의 목소리나 새, 짐승 따위의 소리를 흉내 내는 일

모양 ⓨ **樣** 4급

동의어 態(모습 태), 相(서로 상)

- 樣式(양식): 일정한 모양이나 형식
- 多樣(다양): 여러 가지 모양이나 양식
- 文樣(문양): 물건의 거죽에 어룽져 나타난 어떤 모양
- 各樣各色(각양각색): 각기 다른 여러 가지 모양과 빛깔

천재의 시

성격이 多情(다정)하여 수행을 그르칠까 두렵지만

入山(입산)하자니 정인과의 이별이 두렵다.

세상에 어찌 두 가지를 얻는 방법 있겠느냐?

情人(정인)과 如來(여래)를 다 버리지 않는…

 **숨바꼭질 단어장**

많을 다 **多** 6급

반의어 寡(적을 과), 少(적을 소)

- 多分(다분): 그 비율이 어느 정도 많음
- 多方面(다방면): 여러 방향
- 多多益善(다다익선): 많으면 많을수록 더욱 좋음
- 一夫多妻(일부다처): 한 남편에게 동시에 여러 아내가 있음

같을 여 **如** 4급Ⅱ

동의어 若(같을 약), 肖(같을 초)
반의어 異(다를 이), 他(다를 타)

- 如來(여래): 부처를 달리 이르는 말
- 如前(여전): 전과 같음
- 缺如(결여): 마땅히 있어야 할 것이 빠져서 없거나 모자람
- 何如間(하여간): 어찌하든 간에
- 萬事如意(만사여의): 모든 일이 뜻과 같음

물과 불의 談判(담판)

끓을 탕

숨바꼭질 단어장

판단할 (판) 判 [4급]

동의어 決(결단할 결)

- 判斷(판단): 사물을 인식하여 논리나 기준 등에 따라 판정을 내림
- 決判(결판): 옳고 그름이나 이기고 짐에 대한 최후 판정을 내림
- 批判(비판): 사물의 옳고 그름을 가리어 판단하거나 밝힘
- 審判(심판): 문제가 되는 안건을 심의하여 판결을 내리는 일

끓을 (탕) 湯 [3급Ⅱ]

- 湯藥(탕약): 달여서 마시는 한약
- 雜湯(잡탕): 여러 가지가 뒤섞여 엉망인 상태나 모양을 비유적으로 이르는 말
- 重湯(중탕): 끓는 물 속에 음식 담은 그릇을 넣어 익히거나 데움
- 金城湯池(금성탕지): 쇠로 만든 성과 그 둘레에 파 놓은 뜨거운 물로 가득 찬 못이라는 뜻으로, 방어 시설이 잘되어 있는 성을 이르는 말

애완동물 이발

숨바꼭질 단어장

멜 담, 맡을 담 擔 4급II

동의어 負(질 부), 任(맡길 임)

- 擔保(담보): 맡아서 보증함
- 擔任(담임): 어떤 학급이나 학년 따위를 책임지고 맡아봄
- 加擔(가담): 같은 편이 되어 일을 함께 하거나 도움
- 分擔(분담): 나누어 맡음

마땅 당 當 5급II

- 當番(당번): 어떤 일을 책임지고 돌보는 차례가 됨
- 當時(당시): 일이 있었던 바로 그때
- 當然(당연): 일의 앞뒤 사정을 놓고 볼 때 마땅히 그러함
- 普遍妥當(보편타당): 특별하지 않고 사리에 맞아 타당함

VIP 고객

숨바꼭질 단어장

신선 (선) 仙 5급Ⅱ

- 仙女(선녀): 선경(仙境)에 산다는 여자
- 神仙(신선): 도(道)를 닦아서 현실의 인간 세
  계를 떠나 자연과 벗틀며 산다는 상상의 사람
- 仙人掌(선인장): 선인장과의 식물을 통틀어
  이르는 말. 대부분 가시가 있고 잎은 없으며,
  줄기는 공이나 원기둥 모양임
- 仙風道骨(선풍도골): 신선의 풍채와 도인의
  골격이란 뜻으로, 남달리 뛰어나고 고아(高
  雅)한 풍채를 이르는 말

개 (견) 犬 4급

동의어 狗(개 구)

- 愛犬(애견): 개를 귀여워함. 또는 그 개
- 忠犬(충견): 주인에게 충성스러운 개
- 鬪犬(투견): 개들끼리 싸움을 붙임. 또는 그 개
- 犬馬之勞(견마지로): 개나 말 정도의 하찮은
  힘이라는 뜻으로, 윗사람에게 충성을 다하는
  자신의 노력을 낮추어 이르는 말

달인 2

여기 무색무취의 물 중 하나에는 독이 들어 있다. 독물을 마시면 3초 안에 무덤(墳 무덤 분)행이지. 이를 가려내는 자에게 내 딸을 주겠다!

재벌의 **無男獨女**
(무남독녀)

음!

변별의 달인
이패 선생 재등장!

1초!
2초!
3초!

빨간 컵이
물입니다.

안 죽네~

二貝(이패)를 응원하러 온 사람들

오~ 정말 용감해!

아직 독이 든 컵이
어떤 건지 몰라!

다시 물리고

1, 2, 3

파란… 컵이
독… 독물~

얘가 바로
바보 중의
왕바보

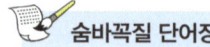

숨바꼭질 단어장

무덤 (분) **墳** [3급]

동의어 墓(무덤 묘)

- 古墳(고분): 고대에 만들어진 무덤
- 雙墳(쌍분): 같은 묏자리에 합장하지 않고 나란히 쓴 부부의 두 무덤

홀로 (독) **獨** [5급 II]

동의어 孤(외로울 고)
반의어 衆(무리 중), 群(무리 군), 徒(무리 도)

- 獨善(독선): 자기 혼자만이 옳다고 믿고 행동하는 일
- 獨步的(독보적): 남이 감히 따를 수 없을 정도로 뛰어남
- 獨不將軍(독불장군): 무슨 일이든 자기 생각대로 혼자서 처리하는 사람
- 唯我獨尊(유아독존): 세상에서 자기 혼자 잘났다고 뽐내는 태도

썰렁한 유머

숨바꼭질 단어장

등급 (급) 級 [6급]

동의어 等(무리 등, 등급 등)

- 高級(고급): 물건이나 시설 따위의 품질이 뛰어나고 값이 비쌈
- 特級(특급): 특별한 계급이나 등급
- 學級(학급): 한 교실에서 공부하는 학생의 단위 집단
- 巨物級(거물급): 사회적으로 영향력이 큰 부류

셈 (수) 數 [7급]

동의어 算(셈 산), 計(셀 계)

- 複數(복수): 둘 이상의 수
- 額數(액수): 돈의 머릿수
- 權謀術數(권모술수): 목적 달성을 위하여 수단과 방법을 가리지 않는 온갖 모략이나 술책
- 不知其數(부지기수): 헤아릴 수 없을 정도로 많음

출입 禁止(금지)

숨바꼭질 단어장

금할 금 禁 [4급II]

- 禁忌(금기): 마음에 꺼려서 하지 않거나 피함
- 禁煙(금연): 담배를 피우는 것을 금함
- 監禁(감금): 드나들지 못하도록 일정한 곳에 가둠

그칠 지 止 [5급]

- 止揚(지양): 더 높은 단계로 오르기 위하여 어떠한 것을 하지 않음
- 抑止(억지): 억눌러 못 하게 함
- 停止(정지): 움직이고 있던 것이 멎거나 그침. 또는 중도에서 멎거나 그치게 함
- 行動擧止(행동거지): 몸을 움직여 하는 모든 짓

서비스

숨바꼭질 단어장

창 창 窓 6급Ⅱ

- 窓口(창구): 사무실이나 영업소 따위에서, 손님과 문서·돈·물건 따위를 주고받을 수 있게 조그마하게 창을 낸 곳
- 同窓(동창): 한 학교에서 공부를 한 사이
- 封窓(봉창): 창문을 여닫지 못하도록 봉함
- 學窓(학창): 배움의 창가라는 뜻으로, 공부하는 교실이나 학교를 이르는 말

문 문 門 8급

- 入門(입문): 무엇을 배우는 길에 처음 들어섬
- 門外漢(문외한): 어떤 일에 직접 관계가 없는 사람
- 門下生(문하생): 문하에서 배우는 제자
- 門戶開放(문호개방): 어떤 조직에서 장벽을 두지 않고 사람이나 문화를 받아들임

잘난 척하기

숨바꼭질 단어장

눈 안 眼 4급Ⅱ

- 眼球(안구): 눈알
- 近視眼(근시안): 눈앞의 일에만 사로잡혀 먼 앞날의 일을 짐작하는 지혜가 없음을 비유적으로 이르는 말
- 白眼視(백안시): 남을 업신여기거나 무시하는 태도로 흘겨봄
- 眼下無人(안하무인): 눈 아래에 사람이 없다는 뜻으로, 방자하고 교만하여 다른 사람을 업신여김을 이르는 말

눈 목 目 6급

- 目次(목차): 목록이나 제목, 조항 따위의 차례
- 目標(목표): 어떤 목적을 이루려고 지향하는 실제적 대상으로 삼음
- 種目(종목): 여러 가지 종류에 따라 나눈 항목
- 盲目的(맹목적): 주관이나 원칙이 없이 덮어 놓고 행동하는 것

숨바꼭질 단어장

집 사 舍 4급Ⅱ

- 舍宅(사택): 기업체나 기관에서 일하는 직원을 위하여 그 기업체나 기관에서 지은 살림집
- 客舍(객사): 나그네를 치거나 묵게 하는 집
  동음어 客死 객지에서 죽음
- 寄宿舍(기숙사): 학교나 회사 따위에 딸려 있어 학생이나 사원에게 싼값으로 숙식을 제공하는 시설

홑 단 單 4급Ⅱ

동의어 獨(홀로 독), 孤(외로울 고)
반의어 複(겹칠 복)

- 單純(단순): 복잡하지 않고 간단함
- 單語(단어): 분리하여 자립적으로 쓸 수 있는 말이나 이에 준하는 말
- 簡單(간단): 단순하고 간략함
- 單刀直入(단도직입): 혼자서 칼 한 자루를 들고 적진으로 곧장 쳐들어간다는 뜻으로, 여러 말을 늘어놓지 않고 바로 요점이나 본문제를 중심적으로 말함을 이르는 말

허물 죄 罪 6급

동의어 過(지날 과, 허물 과)

- 罪惡(죄악): 죄가 될 만한 나쁜 짓
- 罪人(죄인): 죄를 지은 사람
- 無罪(무죄): 아무 잘못이나 죄가 없음
- 免罪符(면죄부): 중세에 로마 가톨릭교회가 금전이나 재물을 바친 사람에게 그 죄를 면한다는 뜻으로 발행하던 증서

성공

숨바꼭질 단어장

그릇 기 器 [4급Ⅱ]

- 器量(기량): 사람의 재능과 도량을 아울러 이르는 말
- 便器(변기): 똥이나 오줌을 누도록 만든 기구
- 利器(이기): 실용에 편리한 기계나 기구
- 大器晚成(대기만성): 그릇을 만드는 데는 시간이 오래 걸린다는 뜻으로, 크게 될 사람은 늦게 이루어짐을 이르는 말

갖출 구 具 [5급Ⅱ]

동의어 備(갖출 비)

- 具象(구상): 사물, 특히 예술 작품 따위가 직접 경험하거나 지각할 수 있도록 일정한 형태와 성질을 갖춤
- 具現(구현): 어떤 내용이 구체적인 사실로 나타나게 함
- 具體化(구체화): 구체적인 것으로 됨. 어떤 일이 실현됨
- 裝身具(장신구): 몸치장을 하는 데 쓰는 물건

제비뽑기

어금니 (아) 牙 3급Ⅱ

- 牙器(아기): 상아로 만든 그릇
- 牙城(아성): 아주 중요한 근거지를 비유적으로 이르는 말
- 象牙(상아): 코끼리의 엄니
- 齒牙(치아): 이를 점잖게 이르는 말

대 (죽) 竹 4급Ⅱ

- 竹刀(죽도): 검도에 쓰는 기구. 네 가닥으로 쪼갠 대나무를 묶어 칼 대신 씀
- 竹夫人(죽부인): 가늘게 쪼갠 대나무로 길고 둥글게 얼기설기 엮어 만든 것
- 竹林七賢(죽림칠현): 중국 진(晉)나라 초기에 노자와 장자의 무위 사상을 숭상하여 죽림에 모여 청담으로 세월을 보낸 일곱 명의 선비
- 破竹之勢(파죽지세): 대를 쪼개는 기세라는 뜻으로, 적을 거침없이 물리치고 쳐들어가는 기세를 이르는 말

솔두개

어이, 친구, 대단하네 [⊛兩下子, 량쌰쯔].

저 친구, 진짜 대단하다니까!(⊛兩下子)

젊은이 정말로 대단하구먼!(⊛兩下子)

뭐가 대단하다고 저렇게 칭찬하지?

강아지용 전문 솔 (刷 인쇄할 쇄, 쓸 쇄), 두 개 10원.

솔 두 개: 兩刷子[량쌰쯔]
대단하다: 兩下子[량쌰쯔]

솔~ 두 개 (個 낱 개)!

짜잔

🖊️ **숨바꼭질 단어장**

인쇄할 (쇄) **刷** [3급 Ⅱ]

– 刷新(쇄신): 나쁜 폐단이나 묵은 것을 버리고 새롭게 함
– 印刷(인쇄): 잉크를 사용하여 판면(版面)에 그려져 있는 글이나 그림 따위를 종이, 천 따위에 박아 냄
– 縮刷版(축쇄판): 크기를 작게 하여 인쇄한 출판물

낱 (개) **個** [4급 Ⅱ]

– 個別(개별): 여럿 중에서 하나씩 따로 나뉘어 있는 상태
– 個性(개성): 다른 사람이나 개체와 구별되는 고유의 특성
– 個人技(개인기): 개인의 기술. 특히 단체 경기를 하는 운동에서의 개인의 기량을 이름
– 各個擊破(각개격파): 적을 하나하나 나누어 무찌름

풍자 도사의 오지랖

저게 무슨 말일까? '兩刷子[liǎng shuā zi, 량쌰쯔]-솔 두 개'의 중국어 발음이 '兩下子[liǎng xià zi, 량쌰쯔]-대단해'와 비슷해서 아친이 또 착각을 한 거야. 한자 공부도 중요하지만, 중국어 발음을 모른 채 독음과 뜻 공부만 한다면 정말 반쪽 공부지. 한자와 함께 중국문화를 이해하고 중국어 공부도 도전해 보시라.

벌레와 거미

숨바꼭질 단어장

뒤 후 後 [7급II]

- 後輩(후배): 같은 분야에서 자기보다 늦게 종사하게 된 사람이나 학교를 늦게 들어온 사람
- 後拂(후불): 물건을 먼저 받거나 일을 모두 마친 뒤에 돈을 치름
- 後送(후송): 적군과 맞대고 있는 지역에서 부상자, 전리품, 포로 따위를 후방으로 보냄
- 後援(후원): 뒤에서 도와줌

뉘우칠 회 悔 [3급II]

- 悔改(회개): 잘못을 뉘우치고 고침
- 悔心(회심): 잘못을 뉘우치는 마음
- 慙悔(참회): 부끄러워하여 뉘우침
- 後悔莫及(후회막급): 이미 잘못된 뒤에 아무리 후회하여도 다시 어찌할 수가 없음

편리한 텔레비전

🖌 숨바꼭질 단어장

쓰일 (수), 구할 (수) 需 3급Ⅱ

동의어 要(요긴할 요, 요구할 요)

- 需用(수용): 사물을 꼭 써야 할 곳에 씀
- 婚需(혼수): 혼인에 드는 물품
- 軍需物資(군수물자): 전투 식량, 군복, 병기 따위의 군대에 필요한 물품이나 재료

물건 (품) 品 5급Ⅱ

동의어 物(물건 물), 件(물건 건)

- 品性(품성): 품격과 성질을 아울러 이르는 말
- 品切(품절): 물건이 다 팔리고 없음
- 品質(품질): 물건의 성질과 바탕
- 景品(경품): 특정한 기간 동안 많은 상품을 팔고 손님의 호감을 얻기 위해, 일정한 액수 이상의 상품을 사는 손님에게 곁들여 주는 물품

나는 누구일까요?

✏️ **숨바꼭질 단어장**

누구 수 誰 [3급]

동의어 孰(누구 숙)

- 誰某(수모): '아무개'를 문어적으로 이르는 말
- 誰何(수하): 어두워서 상대편의 정체를 식별하기 어려울 때 경계하는 자세로 상대편의 정체나 아군끼리 약속한 암호를 확인함

나를 바꾸기

숨바꼭질 단어장

푸를 록 綠 [6급]

- 綠色(녹색): 초록색. 파랑과 노랑의 중간색
- 綠陰(녹음): 푸른 잎이 우거진 나무나 수풀
- 綠衣紅裳(녹의홍상): 연두저고리와 다홍치마. 곱게 차려입은 젊은 여자의 옷차림을 이르는 말
- 草綠同色(초록동색): 풀색과 녹색은 같은 색이라는 뜻으로, 처지가 같은 사람들끼리 한패가 되는 경우를 비유적으로 이르는 말

아닐 부, 막힐 비 否 [4급]

- 否認(부인): 어떤 내용이나 사실을 옳거나 그러하다고 인정하지 않음
- 拒否(거부): 요구나 제의 따위를 받아들이지 않고 물리침
- 安否(안부): 어떤 사람이 편안하게 잘 지내고 있는지 그렇지 않은지에 대한 소식
- 曰可曰否(왈가왈부): 어떤 일에 대하여 옳거니 옳지 않거니 하고 말함

옳을 시, 이 시 是 [4급Ⅱ]

동의어 此(이 차)
반의어 彼(저 피), 非(아닐 비)

- 是正(시정): 잘못된 것을 바로잡음
- 國是(국시): 국민의 지지도가 높은 국가 이념이나 국가 정책의 기본 방침
- 亦是(역시): ① 또한 ② 생각했던 대로
- 必是(필시): 아마도 틀림없이

스파이

초콜릿 아이스크림 회사의 會議(회의)

킁킁~ 갑자기 불어오는 바람에 이상한 냄새를 맡은 초콜릿들!

한 아이가 꽥! 소리 질렀다.

비상! 여기 똥이다~

똥이 비장한 표정으로 말하길…

아… 스파이 잠입 4시간 만에 벌써 들키다니!

숨바꼭질 단어장

모일 **회** **會** 6급Ⅱ

동의어 集(모일 집), 社(모일 사)
반의어 散(흩을 산)

- 會話(회화): 서로 만나서 이야기를 나눔
- 教會(교회): 예수 그리스도를 주(主)로 고백 하고 따르는 신자들의 공동체
- 大會(대회): 큰 모임이나 회의. 기술이나 재주 를 겨루는 모임
- 面會(면회): 일반인의 출입이 제한되는 어떤 기관이나 집단생활을 하는 곳에 찾아가서 사 람을 만나 봄

의논할 **의** **議** 4급Ⅱ

동의어 論(논할 론)

- 議會(의회): 민선 의원으로 구성되고 입법 및 기타 중요한 국가 작용에 참여하는 권능을 가 진 합의체
- 謀議(모의): 어떤 일을 꾀하고 의논함
- 相議(상의): 어떤 일을 서로 의논함
- 合議(합의): 두 사람 이상이 한자리에 모여 서 의논함

러닝머신

숨바꼭질 단어장

다리 각 脚 3급 II

- 脚光(각광): 사회적 관심이나 흥미
- 脚本(각본): 연극이나 영화를 만들기 위하여 쓴 글
- 脚色(각색): 서사시나 소설 따위의 문학 작품을 희곡이나 시나리오로 고쳐 쓰는 일
- 立脚(입각): 어떤 사실이나 주장 따위에 근거를 두어 그 입장에 섬

밟을 답 踏 3급 II

동의어 踐(밟을 천)

- 踏步(답보): 제자리걸음
- 踏査(답사): 현장에 가서 직접 보고 조사함
- 踏襲(답습): 예로부터 해 오던 방식이나 수법을 좇아 그대로 행함
- 高踏的(고답적): 속세에 초연하며 현실과 동떨어진 것을 고상하게 여김

풍자 도사의 오지랖

脚踏實地[jiǎo tà shí dì, 자오타스디]는 한자 뜻을 그대로 풀이하면 '실제로 땅을 밟는다'는 말로, '일을 처리하는 것이 착실하고 진지하다'는 뜻으로 쓰이는 사자성어야.

코믹 별자리 1

숨바꼭질 단어장

참을 인 忍 3급Ⅱ

동의어 耐(견딜 내)

- 忍苦(인고): 괴로움을 참음
- 不忍(불인): 차마 할 수가 없음
- 殘忍(잔인): 인정이 없고 아주 모짐

견딜 내 耐 3급Ⅱ

동의어 忍(참을 인)

- 耐熱(내열): 높은 열에 견딤
- 堪耐(감내): 어려움을 참고 버티어 이겨 냄
- 耐久性(내구성): 물질이 원래의 상태에서 변질되거나 변형됨이 없이 오래 견디는 성질

코믹 별자리 2

🖊️ **숨바꼭질 단어장**

고기 ㉙ **肉** [4급Ⅱ]

- 肉類(육류): 먹을 수 있는 짐승의 고기 종류
- 肉身(육신): 구체적인 사물로서 사람의 몸
  [동의어] 육체 肉體
- 骨肉相殘(골육상잔): 가까운 혈족끼리 서로 해치고 죽임
- 魚頭肉尾(어두육미): 물고기는 머리 쪽이 맛이 있고 짐승 고기는 꼬리 쪽이 맛이 있다는 말

갚을 ㉛ **償** [3급Ⅱ]

동의어 報(갚을 보)

- 償金(상금): 갚는 돈
  [동음어] 賞金 선행이나 업적에 대하여 격려하기 위하여 주는 돈
- 償還(상환): 갚거나 돌려줌
- 辨償(변상): 남에게 진 빚을 갚음
- 有償增資(유상증자): 새롭게 주식을 발행함으로써 자금을 새로 조달하여 자본금을 늘리는 일

코믹 별자리 3

절반짜리 사과와 벌레를 보니 고대 희랍의 비너스 상이 떠오르네요. 불완전한 미가 멋져.

특별 출연: 팡팡

9월 23일~10월 23일
천칭자리는
公平(공평)함과
아름다움에 빠졌어.

운명이여! 망망한 우주에서 사람과 벌레가 만날 거라는 걸 오래 전에 예견했어요. 끝내 악연이 이루어졌군.

특별 출연: 풍자네 사부님

10월 24일~11월 21일
전갈자리는 제6감이
뛰어나!

하하~ 비타민 C에 단백질까지, 친환경 영양 식품인데요!

특별 출연: 풍자네 아버지

11월 22일~12월 21일
射手(사수)자리는
언제나 쾌활하고 낙관
적이지!

천칭자리 형제들은 예술가 기질이 넘쳐납니다.

나도 천칭자리거든~
크크

숨바꼭질 단어장

쏠 ㉍ **射** [4급]

- 反射(반사): ① 일정한 방향으로 나아가던 파동이 다른 물체의 표면에 부딪혀서 나아가던 방향을 반대로 바꾸는 현상 ② 의지와는 관계 없이, 자극에 대하여 일정한 반응을 기계적으로 일으키는 현상

- 發射(발사): 활·총포·로켓이나 광선·음파 따위를 쏘는 일

- 速射砲(속사포): 탄알을 쉽게 장전하여 빨리 발사할 수 있는 포

- 條件反射(조건반사): 동물이 그 환경에 적응하기 위하여 후천적으로 획득하는 반사

코믹 별자리 4

음… 먹고 토하고 또 먹었어요~

특별 출연:
나동물 …

12월 22일~1월 19일
염소자리는 엄격하고
융통성이 없어.

전 벌레한테 장례식을 치러 줬어요! 아무리 작은
생명이라 해도 尊嚴性(존엄성)이 있잖아요!

특별 출연:
풍자네 엄마

1월 20일~2월 18일
물병자리는 자유를
좋아하고 사랑이 넘쳐.

설마 내가 전설 속의 백설공주?
썩은 사과 먹었는데 왜 왕자님은 안 보이는 거지?
내가 싫은 걸까?

특별 출연:
봄 아가씨

2월 19일~3월 20일
물고기자리는 너무
우울하고 정이 많아.

이상 풍자 기자였습니다.
당신의 별자리는 무엇인가요?

 숨바꼭질 단어장

높을 (존) **尊** [4급 II]

동의어 崇(높을 숭), 高(높을 고)
반의어 卑(낮을 비)

- 尊敬(**존경**): 남의 인격, 사상, 행위 따위를 받들어 공경함
- 尊稱(**존칭**): 남을 공경하는 뜻으로 높여 부름. 또는 그 칭호
- 自尊心(**자존심**): 남에게 굽히지 않고 자신의 품위를 스스로 지키는 마음
- 直系尊屬(**직계존속**): 조상으로부터 직계로 내려와 자기에 이르는 사이의 혈족

엄할 (엄) **嚴** [4급]

- 嚴格(**엄격**): 말, 태도, 규칙, 따위가 매우 엄하고 철저함
- 嚴密(**엄밀**): 조그만 빈틈이나 잘못이라도 용납하지 않을 만큼 엄격하고 세밀함
- 威嚴(**위엄**): 존경할 만한 위세가 있어 점잖고 엄숙함
- 尊嚴(**존엄**): 인물이나 지위 따위가 감히 범할 수 없을 정도로 높고 엄숙함

한자	대표훈음	부수	획수	급수	쪽수
淡	맑을 담	水	08	3급Ⅱ	053
擔	멜/맡을 담	手	13	4급Ⅱ	200
踏	밟을 답	足	08	3급Ⅱ	216
堂	집 당	土	08	6급Ⅱ	095
糖	엿 당/사탕 탕	米	10	3급Ⅱ	122
當	마땅 당	田	08	5급Ⅱ	200
待	기다릴 대	彳	06	6급	066
對	대할 대	寸	11	6급Ⅱ	098
代	대신할 대	人	03	6급Ⅱ	130
帶	띠 대	巾	08	4급Ⅱ	175
刀	칼 도	刀	00	3급Ⅱ	080
圖	그림 도	囗	11	6급Ⅱ	102
盜	도둑 도	皿	07	4급	142
途	길 도	辵	07	3급Ⅱ	154
獨	홀로 독	犬	13	5급Ⅱ	202
突	갑자기 돌	穴	04	3급Ⅱ	067
動	움직일 동	力	09	7급Ⅱ	053
冬	겨울 동	冫	03	7급	177
銅	구리 동	金	06	4급Ⅱ	190
豆	콩 두	豆	00	4급Ⅱ	015
頭	머리 두	頁	07	6급	180

ㄹ					
蘭	난초 란	艸	17	3급Ⅱ	091
冷	찰 랭	冫	05	5급	123
掠	노략질할 략	手	08	3급	062
兩	두 량	入	06	4급Ⅱ	109
凉	서늘할 량	水	08	3급Ⅱ	136
麗	고울 려	鹿	08	4급Ⅱ	139
勵	힘쓸 려	力	15	3급Ⅱ	145
蓮	연꽃 련	艸	11	3급Ⅱ	106
禮	예도 례	示	13	6급	013
勞	일할 로	力	10	5급Ⅱ	046
鹿	사슴 록	鹿	00	3급	071
綠	푸를 록	糸	08	6급	214
雷	우레 뢰	雨	05	3급Ⅱ	027
料	재료/헤아릴 료	斗	06	5급	022
了	마칠 료	亅	01	3급	040
龍	용 룡	龍	00	4급	038
理	다스릴 리	玉	07	6급Ⅱ	110
履	밟을 리	尸	12	3급Ⅱ	043

ㅁ					
慢	거만할/느릴 만	心	11	3급	028
滿	찰 만	水	11	4급Ⅱ	054

한자	대표훈음	부수	획수	급수	쪽수
萬	일만 만	艸	09	8급	056
晚	늦을 만	日	07	3급Ⅱ	115
末	끝 말	木	01	5급	071
茫	아득할 망	艸	06	3급	092
妄	망령될 망	女	03	3급Ⅱ	113
買	살 매	貝	05	5급	032
賣	팔 매	貝	08	5급	033
每	매양 매	毋	03	7급Ⅱ	045
梅	매화 매	木	07	3급Ⅱ	091
埋	묻을 매	土	07	3급	118
妹	누이 매	女	05	4급	143
面	낯 면	面	00	7급	090
滅	멸할/꺼질 멸	水	10	3급Ⅱ	094
名	이름 명	口	03	7급Ⅱ	047
明	밝을 명	日	04	6급Ⅱ	163
慕	그릴 모	心	11	3급Ⅱ	074
母	어미 모	毋	01	8급	158
模	본뜰/모양 모	木	11	4급	197
目	눈 목	目	00	6급	206
夢	꿈 몽	夕	11	3급Ⅱ	196
廟	사당 묘	广	12	3급	144
苗	모 묘	艸	05	3급	161
務	힘쓸 무	力	09	4급Ⅱ	166
門	문 문	門	00	8급	205
勿	말 물	勹	02	3급Ⅱ	104
物	물건 물	牛	04	7급Ⅱ	138
美	아름다울 미	羊	03	6급	150
民	백성 민	氏	01	8급	093
憫	민망할 민	心	12	3급	136

ㅂ					
盤	소반 반	皿	10	3급Ⅱ	017
返	돌이킬 반	辵	04	3급	147
發	필/쏠 발	癶	07	6급Ⅱ	093
髮	터럭 발	髟	05	4급	180
房	방 방	戶	04	4급Ⅱ	061
芳	꽃다울 방	艸	04	3급Ⅱ	091
背	등 배	肉	05	4급Ⅱ	090
煩	번거로울 번	火	09	3급	087
繁	번성할 번	糸	11	3급Ⅱ	099
犯	범할 범	犬	02	4급	082
凡	무릇 범	几	01	3급Ⅱ	179
變	변할 변	言	16	5급Ⅱ	067
辨	분별할 변	辛	09	3급	154
病	병 병	疒	05	6급	034
步	걸음 보	止	03	4급Ⅱ	171

한자	대표훈음	부수	획수	급수	쪽수
保	지킬 보	人	07	4급Ⅱ	182
服	옷 복	月	04	6급	077
複	겹칠 복	衣	09	4급	165
封	봉할 봉	寸	06	3급Ⅱ	104
逢	만날 봉	辵	07	3급Ⅱ	128
符	부호 부	竹	05	3급Ⅱ	031
富	부자 부	宀	09	4급Ⅱ	100
否	아닐 부/막힐 비	口	04	4급	214
粉	가루 분	米	04	4급	073
墳	무덤 분	土	12	3급	202
不	아닐 불/부	一	03	7급Ⅱ	156
朋	벗 붕	月	04	3급	035
比	견줄 비	比	00	5급	027
悲	슬플 비	心	08	4급Ⅱ	029
鼻	코 비	鼻	00	5급	030
非	아닐 비	非	00	4급Ⅱ	096
婢	계집종 비	女	08	3급Ⅱ	127
備	갖출 비	人	10	4급Ⅱ	189
頻	자주 빈	頁	07	3급	133
聘	부를 빙	耳	07	3급	066
氷	얼음 빙	水	01	5급	122

ㅅ

한자	대표훈음	부수	획수	급수	쪽수
蛇	긴뱀 사	虫	05	3급Ⅱ	016
社	모일 사	示	03	6급Ⅱ	048
捨	버릴 사	手	08	3급	032
士	선비/병사 사	士	00	5급Ⅱ	059
死	죽을 사	歹	02	6급	105
四	넉 사	口	02	8급	133
邪	간사할 사	邑	04	3급Ⅱ	160
師	스승 사	巾	07	4급Ⅱ	174
舍	집 사	舌	02	4급Ⅱ	207
射	쏠 사	寸	07	4급	219
山	뫼/메 산	山	00	8급	111
三	석 삼	一	02	8급	141
祥	상서 상	示	06	3급	012
象	코끼리 상	豕	05	4급	014
霜	서리 상	雨	09	3급Ⅱ	044
像	모양 상	人	12	3급Ⅱ	102
嘗	맛볼 상	口	11	3급	145
常	떳떳할/항상 상	巾	08	4급Ⅱ	191
償	갚을 상	人	15	3급Ⅱ	218
生	날 생	生	00	8급	041
緒	실마리 서	糸	09	3급Ⅱ	099
席	자리 석	巾	07	6급	054
選	가릴 선	辵	12	5급	032

한자	대표훈음	부수	획수	급수	쪽수
禪	선 선	示	12	3급Ⅱ	058
線	줄 선	糸	09	6급Ⅱ	137
先	먼저 선	儿	04	8급	163
鮮	고울 선	魚	06	5급Ⅱ	169
仙	신선 선	人	03	5급Ⅱ	201
雪	눈 설	雨	03	6급Ⅱ	151
設	베풀/세울 설	言	04	4급Ⅱ	164
涉	건널 섭	水	07	3급	170
性	성품 성	心	05	5급Ⅱ	023
姓	성 성	女	05	7급Ⅱ	047
洗	씻을 세	水	06	5급Ⅱ	018
世	인간/세대 세	一	04	7급Ⅱ	021
歲	해 세	止	09	5급Ⅱ	052
消	사라질 소	水	07	6급Ⅱ	094
少	적을/젊을 소	小	01	7급	152
笑	웃음 소	竹	04	4급Ⅱ	181
屬	붙일 속/부탁할 촉	尸	18	4급	065
刷	인쇄할 쇄	刀	06	3급Ⅱ	210
睡	졸음 수	目	08	3급	058
修	닦을 수	人	08	4급Ⅱ	059
獸	짐승 수	犬	15	3급Ⅱ	129
遂	드디어 수	辵	09	3급	131
數	셈 수	攴	11	7급	203
需	쓰일/구할 수	雨	06	3급Ⅱ	212
誰	누구 수	言	08	3급	213
淑	맑을 숙	水	08	3급Ⅱ	013
純	순수할 순	糸	04	4급Ⅱ	019
脣	입술 순	肉	07	3급	116
殉	따라죽을 순	歹	06	3급	135
術	재주 술	行	05	6급Ⅱ	083
僧	중 승	人	12	3급Ⅱ	084
乘	탈 승	丿	09	3급Ⅱ	125
勝	이길 승	力	10	6급	125
昇	오를 승	日	04	3급Ⅱ	172
市	시장 시	巾	02	7급Ⅱ	093
侍	모실 시	人	06	3급Ⅱ	108
時	때 시	日	06	7급Ⅱ	173
施	베풀 시	方	05	4급Ⅱ	179
是	옳을/이 시	日	05	4급Ⅱ	214
飾	꾸밀 식	食	05	3급Ⅱ	070
身	몸 신	身	00	6급Ⅱ	026
辛	매울 신	辛	00	3급	056
神	귀신 신	示	05	6급Ⅱ	076
新	새 신	斤	09	6급Ⅱ	169
實	열매 실	宀	11	5급Ⅱ	196
心	마음 심	心	00	7급	050
深	깊을 심	水	08	4급Ⅱ	074

한자	대표훈음	부수	획수	급수	쪽수
尋	찾을 심	寸	09	3급	157
氏	각시/성씨 씨	氏	00	4급	048

ㅇ

한자	대표훈음	부수	획수	급수	쪽수
我	나 아	戈	03	3급Ⅱ	086
雅	맑을/바를 아	隹	04	3급Ⅱ	139
牙	어금니 아	牙	00	3급Ⅱ	209
惡	악할 악/미워할 오	心	08	5급Ⅱ	159
眼	눈 안	目	06	4급Ⅱ	206
哀	슬플 애	口	06	3급Ⅱ	029
愛	사랑 애	心	09	6급	148
也	어조사/이끼 야	乙	02	3급	096
藥	약 약	艹	15	6급Ⅱ	138
躍	뛸 약	足	14	3급	147
陽	볕 양	阜	09	6급	149
楊	버들 양	木	09	3급	162
讓	사양할 양	言	17	3급Ⅱ	171
樣	모양 양	木	11	4급	197
御	거느릴 어	彳	08	3급Ⅱ	155
漁	고기잡을 어	水	11	5급	173
言	말씀 언	言	00	6급	021
嚴	엄할 엄	口	17	4급	220
業	업/일 업	木	09	6급Ⅱ	120
汝	너 여	水	03	3급	192
如	같을 여	女	03	4급Ⅱ	198
疫	전염병 역	疒	04	3급Ⅱ	049
燃	탈/사를 연	火	12	4급	072
熱	더울 열	火	11	5급	050
染	물들 염	木	05	3급Ⅱ	089
英	꽃부리 영	艹	05	6급	011
迎	맞을 영	辶	04	4급	185
誤	그르칠 오	言	07	4급Ⅱ	025
汚	더러울 오	水	03	3급	089
完	완전할 완	宀	04	5급	040
王	임금 왕	玉	00	8급	046
用	쓸 용	用	00	6급Ⅱ	043
友	벗 우	又	02	5급Ⅱ	035
牛	소 우	牛	00	5급	039
又	또 우	又	00	3급	047
宇	집 우	宀	03	3급Ⅱ	092
偶	짝/허수아비 우	人	09	3급Ⅱ	112
優	넉넉할/뛰어날 우	人	15	4급	182
右	오를/오른 우	口	02	7급Ⅱ	190
韻	운 운	音	10	3급Ⅱ	015
慰	위로할 위	心	11	4급	046
謂	이를 위	言	09	3급Ⅱ	052

한자	대표훈음	부수	획수	급수	쪽수
遺	남길 유	辶	12	4급	178
肉	고기 육	肉	00	4급Ⅱ	218
潤	불을/윤택할 윤	水	12	3급Ⅱ	106
閏	윤달 윤	門	04	3급	195
隱	숨을 은	阜	14	4급	026
儀	거동/천문기계 의	人	13	4급	075
意	뜻 의	心	09	6급Ⅱ	105
義	옳을 의	羊	07	4급Ⅱ	105
醫	의원 의	酉	11	6급	129
議	의논할 의	言	13	4급Ⅱ	215
耳	귀 이	耳	00	5급	033
異	다를 이	田	06	4급	135
二	두 이	二	00	8급	141
認	알 인	言	07	4급Ⅱ	064
忍	참을 인	心	03	3급Ⅱ	217
一	한 일	一	00	8급	141

ㅈ

한자	대표훈음	부수	획수	급수	쪽수
紫	자줏빛 자	糸	06	3급Ⅱ	073
字	글자 자	子	03	7급	081
爵	벼슬 작	爪	14	3급	084
作	지을 작	人	05	6급Ⅱ	120
雜	섞일 잡	隹	10	4급	165
丈	어른 장	一	02	3급Ⅱ	044
掌	손바닥 장	手	08	3급Ⅱ	085
葬	장사지낼 장	艹	09	3급Ⅱ	118
長	긴/어른 장	長	00	8급	183
載	실을 재	車	06	3급Ⅱ	028
裁	옷마를 재	衣	06	3급Ⅱ	101
才	재주 재	手	00	6급Ⅱ	103
敵	대적할/원수 적	攴	11	4급Ⅱ	077
的	과녁 적	白	03	5급Ⅱ	079
賊	도둑 적	貝	06	4급	142
典	법 전	八	06	5급Ⅱ	041
錢	돈 전	金	08	4급	103
電	번개 전	雨	05	7급Ⅱ	192
節	마디 절	竹	09	5급Ⅱ	134
店	가게 점	广	05	5급Ⅱ	034
漸	점점 점	水	11	3급Ⅱ	121
占	점령할/점칠 점	卜	03	4급	127
丁	고무래/넷째천간 정	一	01	4급	075
征	칠 정	彳	05	3급Ⅱ	077
情	뜻 정	心	08	5급Ⅱ	099
正	바를 정	止	01	7급Ⅱ	144
帝	임금 제	巾	06	4급	012
濟	건널 제	水	14	4급Ⅱ	051

풍자 도사의 개그 만화 3권도 기대해 주세요!

글·그림 **아궤이(阿桂)**

창의적인 생각과 코믹의 달인, 미쳐야 천재라는 미션으로 기발한 생각을 그림에 불어넣어 만화와 애니메이션을 만드는 데 올인 중인 독신. 루쉰미술대학교 대학원 석사를 졸업하고 '크레이지 팡퀘이' 만화 시리즈와 애니메이션을 기획, 제작해 아이에서 성인까지 중국 수천만 독자들의 사랑을 받고 있는 베스트셀러 작가다. 세상이 나를 힘들게 해도 미친 듯이 생각하고 내 '업'에 몰입한다면 정상에 오를 수 있다는 신념 하나로 책 속의 주인공 그리고 한자까지도 미치고 상상하게 만든다.

번역 **심란희**

연세대학교 국어국문학과 박사과정 중이며 현재 배제대학교 전임강사로 교양 중국어와 외국인을 위한 한국어를 가르치고 있다.

풍자 도사
1800한자 SHOW 2

2012년 1월 30일 1판 1쇄 박음
2012년 2월 5일 1판 1쇄 펴냄

지은이 아궤이(阿桂)
옮긴이 심란희
펴낸이 김철종

기획 이선애
편집진행 임은하 서슬기 박지선 조아라
디자인 백은미 **본문진행** 백은미
마케팅 최단비 오영일 김상숙

펴낸곳 북퍼스트
주소 121-854 서울시 마포구 신수동 63-14 구프라자 6층
전화번호 02)701-6616 **팩스번호** 02)701-4449
전자우편 haneon@haneon.com **홈페이지** www.haneon.com
출판등록 1995년 9월 5일 제1-0701호
ISBN 978-89-90526-02-1 54700
      978-89-90526-00-7 54700 (세트)